Elogios a

GÊNESIS

"A inteligência artificial pode ser uma das maiores revoluções tecnológicas de todos os tempos, e a grande questão é como os humanos vão se adaptar. Este livro é essencial e oferece um dos primeiros olhares reais sobre o futuro que agora se apresenta diante de nós — um futuro de possibilidades quase ilimitadas, acompanhado de desafios novos e extremamente complexos."

— **Sam Altman**

"Uma oportuna exploração da relação entre inteligência artificial, conhecimento, poder e política, este livro nos desafia a refletir profundamente sobre os riscos e o potencial que a IA representa para a humanidade."

— **Bill Gates**

"Na vindoura Era da Inteligência Artificial, qual será o papel dos humanos? Nos últimos anos de sua vida, Henry Kissinger mergulhou no estudo da IA e coescreveu este livro em parceria com os tecnólogos Eric Schmidt e Craig Mundie. Trata-se de uma profunda exploração sobre como podemos preservar a dignidade humana e os valores em uma era de máquinas autônomas."

— **Walter Isaacson**

"Kissinger, Mundie e Schmidt apresentam as reflexões mais profundas vistas até agora sobre as oportunidades e os desafios trazidos pelo iminente sistema global moldado pela inteligência artificial. Os leitores aprenderão algo de extrema importância: antes mesmo de pensarmos em novas políticas para a IA, será necessário desenvolver novas concepções sobre o pensamento humano e a própria humanidade. Este foi o último trabalho de Henry Kissinger — e pode muito bem se revelar o mais profético e relevante de todos. Uma leitura absolutamente essencial."

— **Larry Summers**

"A próxima grande revolução tecnológica — a da inteligência artificial — já está em curso. Embora grande parte da discussão gire em torno do que a IA pode fazer e para onde ela está caminhando, este livro redefine o debate com brilhantismo. Como os seres humanos se relacionarão com a IA? Como essa explosão científica, ao mesmo tempo fascinante e assustadora, alterará nossa concepção do que significa ser humano? Dado o calibre dos três autores envolvidos, era de se esperar um livro profundo — e é exatamente isso que você vai encontrar."

— **Fareed Zakaria**

"*Gênesis* levanta questões importantes, para as quais a melhor resposta é equipar as pessoas com ferramentas e tecnologias inteligentes, capacitando-as com real autonomia para que se tornem mais confiantes, mais capazes e mais no controle da própria vida."

— **Satya Nadella**

“Leitura indispensável para quem deseja refletir seriamente sobre os desafios impostos pela inteligência artificial. *Gênesis* captura o que sabemos — e, o mais importante, o que não sabemos — sobre os perigos decorrentes do avanço irrestrito da IA. Inspirados pelas lições aprendidas na era nuclear, Kissinger e seus colegas lançam luz sobre o incerto caminho que temos pela frente.”

— **Graham Allison**

“Kissinger, Schmidt e Mundie traçam um verdadeiro mapa para navegarmos no futuro próximo, no qual sistemas de inteligência artificial incrivelmente poderosos e onipresentes se tornarão autônomos. Suas reflexões sobre as implicações práticas e filosóficas desse primeiro encontro da humanidade com uma inteligência superior são ao mesmo tempo inquietantes e inspiradoras, desafiando-nos a repensar nossa relação com a tecnologia e nosso lugar no universo. *Gênesis* é uma leitura essencial para quem deseja compreender como a IA remodelará nosso mundo e o que é necessário para preservar a humanidade na era das máquinas inteligentes.”

— **Ian Bremmer**

“O que a inteligência artificial significa para a descoberta? Para a verdade? Para a segurança, a prosperidade e a política? Ao responder a essas questões, esses três pensadores extraordinários, como sempre, não hesitam em enfrentar temas relevantes e perguntas perspicazes sobre a tecnologia dominante de nossa era. Com uma abrangência épica, uma clareza revigorante e sempre fundamentado em uma experiência intensa, este é um livro essencial.”

— **Mustafa Suleyman**

"*Gênesis* instiga a reflexão da melhor maneira possível — uma exploração necessária das implicações da inteligência artificial para o progresso da humanidade e para a essência do que nos torna humanos. É também um guia sobre como podemos aproveitar as possibilidades da IA, enfrentar seus desafios e, por fim, coexistir com máquinas inteligentes na era da inteligência artificial."

— James Manyika

"A inteligência artificial desafia nossa compreensão, e lutamos para entender tanto suas promessas quanto seus perigos. Em seu último livro, é apropriado que o mestre da Grande Estratégia, Henry Kissinger, ao lado de seus brilhantes coautores Eric Schmidt e Craig Mundie, tenha se dedicado a esse tema. *Gênesis* é o livro que o mundo precisa ler hoje."

— Arthur C. Brooks

"À medida que tentamos traçar um caminho responsável para o futuro da IA, este livro estabelece uma estrutura esperançosa sobre como podemos coexistir mantendo aquilo que significa ser humano. Em sua última obra, Henry Kissinger, um dos pensadores mais influentes de nosso tempo, uniu-se a Eric Schmidt e Craig Mundie para nos ajudar a navegar por essa fronteira sem precedentes, de modo que possamos harmonizar seu crescimento e sua importância com a sabedoria necessária para garantir que — desta vez — a tecnologia seja utilizada para o bem da humanidade. É uma leitura indispensável para os tomadores de decisão — ou seja, todos nós."

— Condoleezza Rice

GÊNESIS

DE HENRY A. KISSINGER

O Mundo Restaurado: Metternich, Castlereagh e os Problemas da Paz, 1812–22

Nuclear Weapons and Foreign Policy

The Necessity for Choice: Prospects of American Foreign Policy

White House Years

Years of Upheaval

Diplomacia

Anos de Renovação

Does America Need a Foreign Policy? Toward a Diplomacy for the 21st Century

Ending the Vietnam War: A History of America's Involvement in and Extrication from the Vietnam War

Crisis: The Anatomy of Two Major Foreign Policy Crises

Sobre a China

Ordem Mundial

A Era da IA: E nosso futuro como humanos (com Daniel P. Huttenlocher e Eric Schmidt)

Liderança: Seis Estudos Sobre Estratégia

DE ERIC SCHMIDT

A Nova Era Digital: Como Será o Futuro das Pessoas, das Nações e dos Negócios

Como o Google Funciona

O Coach de um Trilhão de Dólares: O Manual de Liderança do Vale do Silício

A Era da IA: E nosso futuro como Humanos (com Daniel P. Huttenlocher e Henry Kissinger)

HENRY A. KISSINGER

ERIC SCHMIDT

CRAIG MUNDIE

GÊNESIS

INTELIGÊNCIA ARTIFICIAL, ESPERANÇA E O ESPÍRITO HUMANO

ALTA BOOKS
GRUPO EDITORIAL
Rio de Janeiro, 2025

Gênesis

ISBN: 978-85-508-2667-7

Alta Cult é uma Editora do Grupo Editorial Alta Books.

Translated from original Genesis: Artificial Intelligence, Hope, and the Human Spirit. Copyright © 2024 by Henry A. Kissinger, Craig J. Mundie, Eric Schmidt. ISBN 9780316581295. Published by arrangement with The Estate of Henry A. Kissinger, Craig J. Mundie, Eric Schmidt. Brazilian Portuguese language edition published by Starlin Alta Editora e Consultoria Eireli, Copyright © 2025 by STARLIN ALTA EDITORA E CONSULTORIA LTDA.

Impresso no Brasil — 1ª Edição, 2025 — Edição revisada conforme o Acordo Ortográfico da Língua Portuguesa de 2009.

Dados Internacionais de Catalogação na Publicação (CIP)
(BENITEZ Catalogação Ass. Editorial, MS, Brasil)

M965g
1.ed. Mundie, Craig
Gênesis : inteligência artificial, esperança e o espirito humano / Craig Mundie, Eric Schmidt, Henry Kissinger ; tradução Wendy Campos. - 1.ed. - Rio de Janeiro : Alta Books, 2025.
288 p.; 15,7 x 23 cm.

Titulo original: Genesis: artificial intelligence, hope, and the human spirit.
ISBN 978-85-508-2667-7

1. Inteligência artificial - Aspectos sociais. 2. Sociedade moderna. 3. Tecnologia. I. Schmidt, Eric. II. Kissinger, Henry. III. Campos, Wendy. IV. Titulo.

05-2025/71 CDD 006.1

Índice para catálogo sistemático:
1. Sociedade moderna : Inteligência artificial 006.1
Aline Graziele Benitez - Bibliotecária - CRB-1/3129

Produção Editorial: Grupo Editorial Alta Books
Diretor Editorial: Anderson Vieira
Editor da Obra: Jose Ruggeri
Vendas Governamentais: Cristiane Mutüs
Gerência Comercial: Claudio Lima

Produtora Editorial: Viviane Corrêa
Tradução: Wendy Campos
Copidesque: Vanessa Schreiner
Revisão: Denise Himpel
Diagramação: Joyce Matos

ALTA BOOKS
GRUPO EDITORIAL

Rua Viúva Cláudio, 291 — Bairro Industrial do Jacaré
CEP: 20.970-031 — Rio de Janeiro (RJ)
Tels.: (21) 3278-8069 / 3278-8419
www.altabooks.com.br — altabooks@altabooks.com.br
Ouvidoria: ouvidoria@altabooks.com.br

Editora
afiliada à:
ASSOCIADO

Para o Dr. Kissinger:
estadista, diplomata, mentor e amigo.
Nós o saudamos.

SUMÁRIO

SOBRE OS AUTORES

Henry A. Kissinger nasceu na Alemanha em 1923, serviu no Exército dos Estados Unidos durante a Segunda Guerra Mundial e lecionou história e ciência política por duas décadas na Universidade Harvard antes de se tornar Conselheiro de Segurança Nacional e Secretário de Estado nas administrações dos presidentes Richard Nixon e Gerald Ford. Laureado com o Prêmio Nobel da Paz e a Medalha Presidencial da Liberdade, entre outras honrarias, foi autor de inúmeras obras influentes sobre diplomacia e relações internacionais, sendo *Liderança* sua publicação mais recente. É coautor de *A Era da IA*, em parceria com Eric Schmidt e Daniel Huttenlocher. Até sua morte, em novembro de 2023, permaneceu um requisitado conselheiro de presidentes norte-americanos, além de diversos líderes e formuladores de políticas ao redor do mundo.

Eric Schmidt é tecnólogo, empreendedor e filantropo. Em 2001, ele se juntou aos fundadores da Google, ajudando a transformá-la de startup do Vale do Silício em líder global em tecnologia — primeiro como CEO e presidente, depois como presidente executivo e consultor técnico. Em 2021, fundou o Special Competitive Studies Project, uma iniciativa sem fins lucrativos para fomentar a competitividade de longo prazo dos Estados Unidos em inteligência artificial e tecnologia. Ele e sua esposa, Wendy, cofundaram a Schmidt Sciences, uma organização sem fins lucrativos dedicada a impulsionar a ciência e a tecnologia, promovendo uma compreensão mais profunda do mundo natural e desenvolvendo soluções para desafios globais.

Craig J. Mundie é presidente da Mundie & Associates, ingressou na Microsoft em 1992 e se aposentou em 2014 como diretor de pesquisa e estratégia. Atualmente, assessora a Microsoft em computação quântica e cibersegurança, é diretor do Institute for Systems Biology, consultor tecnológico da Cleveland Clinic e investidor/consultor de startups em estágios iniciais nos setores de inteligência artificial, biotecnologia, energia de fusão e ciência dos materiais. Atuou nos conselhos consultivos de Telecomunicações em Segurança Nacional e de Consultores da Presidência em Ciência e Tecnologia durante os governos Clinton, Bush e Obama. Entre suas honrarias, destaca-se o título de Doutor em Engenharia pelo Rensselaer Polytechnic Institute.

AGRADECIMENTOS

Ao dedicar este livro à memória do Dr. Henry A. Kissinger, nós, seus dois coautores, buscamos, ao mesmo tempo, homenagear suas notáveis conquistas como estadista de renome mundial, prestar um tributo à impressionante amplitude e profundidade de seu pensamento estratégico — algo que se revelou de modo particularmente marcante em sua compreensão, já em seus 90 e poucos anos, das complexidades da inteligência artificial (IA) — e, de maneira mais pessoal, reconhecer a grandiosidade daquele que também foi nosso estimado mentor e amigo.

Nos parágrafos a seguir, expressamos nossa profunda gratidão a alguns dos muitos colegas e companheiros que nos ajudaram a conceber e desenvolver esta ambiciosa investigação sobre a inteligência artificial — um “tema”, como enfatizamos com veemência, "de máxima importância para o futuro da humanidade".

Demis Hassabis, Dario Amodei, Daniel Huttenlocher, Graham Allison, Mustafa Suleyman, Maithra Raghu, James Mankiya, Reid Hoffman e Sam Altman influenciaram nosso pensamento sobre essa questão, ao mesmo tempo que nos forneceram informações essenciais e insights valiosos sobre as implicações tecnológicas do tema. Somos imensamente gratos a todos.

Tivemos muitos colaboradores que foram fundamentais e contribuíram para a redação, revisão e estruturação do conteúdo deste livro. Nancy Kissinger — "a inspiração da minha vida", como seu marido destacou com imensa justiça ao lhe dedicar seu penúltimo livro, *Liderança* — acompanhou este projeto com sua vigilância incansável e atenta, combinando firmeza e delicadeza.

Eleanor Runde foi a principal entre os colaboradores profissionais. Com eloquência, conhecimento e visão, Eleanor transpôs para a página suas extensas conversas ao longo dos anos com o Dr. Kissinger, cocriando, assim, a base essencial, a estrutura e o conteúdo do livro. Posteriormente, em estreita colaboração com seu estimado amigo e associado Neal Kozodoy, e conosco, os coautores, Eleanor revisitou cada capítulo com seu domínio preciso dos detalhes, sua zelosa fidelidade à intenção do autor tanto no texto quanto no contexto e sua sutil maestria editorial.

Ao se juntar à nós, na metade do projeto, John Ferguson ampliou ainda mais os argumentos do livro com energia e habilidade. Demonstrando uma notável e rara familiaridade com história e mitologia, trouxe vivacidade à prosa. Com a mentoria prontamente oferecida por um de nós e por meio de uma colaboração incansável, assumiu um papel significativo para levar o manuscrito até sua conclusão.

No que diz respeito à editora, tivemos a sorte de herdar a Little, Brown, a mesma casa que, alguns anos antes, havia publicado com sucesso *The Age of AI*. Seu editor executivo, Alexander Littlefield, nos fortaleceu com apoio e incentivo, ao mesmo tempo que demonstrou uma exigência bem-vinda quanto à clareza narrativa e uma igualmente apreciada sensibilidade às nuances do texto. Também tivemos a sorte de contar com a expertise de Michael Noon, editor de produção, além de nos beneficiarmos, nos bastidores, do sólido aconselhamento estratégico de Robert D. Blackwill e Lyndsay Howard. Nosso agente, Andrew Wylie, garantiu ao livro uma representação essencial. Ao longo de todo o processo, J. Paul Bremer, executor literário do Dr. Kissinger, e Joel Klein, autorizado a revisar e orientar decisões relacionadas a trabalhos em andamento, mostraram-se guardiões leais e profundamente informados acerca do legado de seu estimado amigo.

Nas fases finais de nosso trabalho como coautores, assim como em sua divulgação e promoção, recebemos o apoio inestimável da equipe do escritório de Eric Schmidt

— em especial Janine Brady, Nathalie Bussemaker, Robert Esposito, Gabe Medina, Andrew Moore e Selina Xu, além de Helen Dunn, Matthew Hiltzik e Madeleine Weast, da Hiltzik Strategies.

Dando continuidade, de maneira altruísta, a décadas de serviço dedicado ao Dr. Kissinger, Theresa Amantea, Jody Williams e Jessee LePorin permaneceram indispensáveis até o fim — e além.

PREFÁCIO

Niall Ferguson

QUANDO HENRY KISSINGER publicou seu ensaio "How the Enlightenment Ends" na revista *The Atlantic*, em junho de 2018, muitos ficaram surpresos ao ver que o estadista dos estadistas tinha algo a dizer sobre inteligência artificial. Kissinger acabara de completar 95 anos. A IA ainda não era o tema fervilhante que se tornaria após o lançamento do ChatGPT pela OpenAI, no final de 2022.

No entanto, como seu biógrafo, achei perfeitamente natural que o assunto chamasse sua atenção. Afinal, ele havia conquistado notoriedade pública em 1957 com um livro sobre uma nova tecnologia capaz de transformar o mundo. *Nuclear Weapons and Foreign Policy* foi uma obra fruto de uma pesquisa tão meticulosa que conquistou elogios de Robert

Oppenheimer, que a descreveu como “extraordinariamente bem informada e, nesse aspecto, sem precedentes no campo do armamento nuclear [...] uma análise escrupulosa em sua atenção aos fatos e, ao mesmo tempo, apaixonada e incisiva em seus argumentos”.

Embora, como doutorando, Kissinger tenha se aprofundado na história diplomática da Europa do início do século XIX, ele sempre teve plena consciência, ao longo de sua carreira, de que os eternos padrões da política das grandes potências estavam sujeitos a abalos periódicos causados por avanços tecnológicos. Como tantos de sua geração que serviram na Segunda Guerra Mundial, ele testemunhou não apenas a morte em massa e a destruição causadas pelas armas modernas, mas também as terríveis consequências para seus companheiros judeus daquilo que Churchill memoravelmente chamou de a “ciência pervertida” do Terceiro Reich de Hitler.

Ao contrário de sua infundada reputação de belicista, Kissinger foi, ao longo da vida adulta, fortemente motivado pelo imperativo de evitar a Terceira Guerra Mundial — a consequência amplamente temida caso a Guerra Fria entre os Estados Unidos e a União Soviética se transformasse em um conflito direto. Ele compreendia perfeitamente que a tecnologia da fissão nuclear tornaria uma nova guerra mundial uma conflagração ainda mais devastadora do que a Segunda Guerra Mundial. Logo no início de *Nuclear Weapons and Foreign Policy,* Kissinger estimou os efeitos destrutivos de uma bomba de dez megatons lançada sobre Nova York e extrapolou que um ataque soviético total às cinquenta maiores cidades dos EUA mataria entre 15 milhões e 20 milhões de pessoas e feriria entre 20 milhões e 25 milhões. Outros 5 milhões a 10 milhões de pessoas morreriam em consequência da radiação, e talvez mais 7 milhões a 10 milhões adoeceriam. Os sobreviventes enfrentariam a "desintegração social". Mesmo após um ataque desse porte, ele ressaltou que os Estados Unidos ainda seriam capazes de infligir uma devastação comparável à União Soviética. A conclusão era óbvia: "De agora em diante, o único desfecho de uma guerra total será que ambos os contendores sairão perdendo". Não poderia haver vencedor em um conflito desse tipo, argumentou Kissinger em seu ensaio de 1957, "Strategy and Organization", "porque mesmo o lado mais fraco pode ser capaz de infligir um grau de destruição que nenhuma sociedade consegue suportar".

Ainda assim, o idealismo juvenil de Kissinger não o tornava um pacifista. Em *Nuclear Weapons and Foreign Policy,* ele foi bastante explícito ao afirmar que "os horrores da guerra nuclear não seriam evitados por uma redução dos armamentos nucleares" nem, aliás, por sistemas de inspeção de armas. A questão não era se a guerra poderia ser completamente evitada, mas se era "possível imaginar aplicações de poder menos catastróficas do que uma guerra termonuclear total". Pois, se isso não fosse possível, seria extremamente difícil para os Estados Unidos e seus aliados prevalecerem na Guerra Fria. "A ausência de um limite para a guerra amplamente compreendido", alertou Kissinger em "Controls, Inspections, and Limited War", um ensaio publicado na *Reporter,* "mina a estrutura psicológica da resistência aos avanços comunistas. Quando a guerra é considerada equivalente ao suicídio nacional, a rendição pode parecer o menor dos males."

Foi com base nesse raciocínio que Kissinger desenvolveu sua doutrina da guerra nuclear limitada, exposta em "Strategy and Organization":

> Diante do cenário sombrio da devastação termonuclear, o objetivo da guerra não pode mais ser a vitória militar nos moldes tradicionais. Em vez disso, deve ser a obtenção de algumas condições políticas específicas, plenamente compreendidas pelo oponente. O propósito da guerra limitada é infligir perdas ou impor riscos ao inimigo que sejam desproporcionais aos objetivos em disputa. Quanto mais moderado for o objetivo, menos violento será o conflito.

Isso exigiria não apenas compreender a capacidade militar do adversário, mas também sua psicologia.

Na época, muitos se horrorizavam com a aparente frieza com que Kissinger considerava a possibilidade de uma guerra nuclear limitada. Alguns estudiosos, como Thomas Schelling, contestaram a ideia de que uma escalada incontrolável poderia ser evitada; mais tarde, até o próprio Kissinger se distanciou desse argumento. Ainda assim, ambas as superpotências seguiram adiante na construção e implantação de armas nucleares táticas ou de campo de batalha, seguindo exatamente a lógica que Kissinger delineou em *Nuclear Weapons and Foreign Policy*. A guerra nuclear limitada pode não ter funcionado na teoria, mas os estrategistas militares de ambos os lados agiram como se pudesse funcionar na prática. (De fato, essas armas existem até hoje. O governo russo já ameaçou usá-las mais de uma vez desde que a invasão da Ucrânia atingiu um impasse.) O jovem Kissinger estava mais certo sobre as armas nucleares do que ele próprio imaginava.

Kissinger nunca deixou de refletir sobre as implicações das mudanças tecnológicas no campo político. Em um artigo há muito esquecido, escrito para Nelson Rockefeller em janeiro de 1968, ele antecipou como a informatização poderia ajudar os governantes a lidar com o fluxo crescente de informações geradas pelas agências do governo dos EUA. Na visão de Kissinger, os altos funcionários corriam sério risco de serem soterrados pelos dados. "O principal formulador de política tem tanta informação à sua disposição que, em situações de crise, é incapaz de administrá-las", escreveu ele. Os tomadores de decisão precisavam ser "constantemente informados sobre possíveis zonas de crise", argumentava Kissinger, incluindo aquelas que "ainda não tenham sido classificadas como prioridade máxima". Além disso, eles precisavam receber "um conjunto de opções de ação [...] descrevendo as principais alternativas em resposta a circunstâncias previsíveis, com uma avaliação das prováveis consequências, tanto domésticas quanto internacionais, de cada alternativa".

Para alcançar essa cobertura abrangente, Kissinger reconhecia que seriam necessários grandes investimentos em programação, armazenamento, recuperação e gráficos. Felizmente, a "tecnologia de hardware" já existia para executar todas essas quatro funções:

> Agora podemos armazenar centenas de informações sobre cada indivíduo nos Estados Unidos em uma única fita magnética de 2.400 pés [...] Os computadores de terceira geração já são capazes de executar operações básicas em nanossegundos, ou seja, bilionésimos de segundo [...] Sistemas experimentais de compartilhamento de tempo já demonstraram que é possível dotar computadores digitais de grande escala com capacidade de acesso múltiplo, permitindo entrada e saída de informações tanto em estações executivas quanto em postos operacionais distribuídos ao redor do mundo [...] Em breve, displays de tubo de raios catódicos coloridos estarão disponíveis para saída de dados dos computadores.

Mais tarde, após seu primeiro ano na Casa Branca como Conselheiro de Segurança Nacional de Richard Nixon, Kissinger tentou obter um computador como esse para uso próprio. A CIA negou o pedido, presumivelmente porque lidar com Kissinger sem um computador já era o suficiente para a comunidade de inteligência.

Henry Kissinger nunca se aposentou. E jamais deixou de se preocupar com o futuro da humanidade. Um homem assim dificilmente ignoraria um dos avanços tecnológicos mais impactantes de seus últimos anos: o desenvolvimento e a implementação da inteligência artificial generativa. De fato, compreender as implicações dessa tecnologia emergente consumiu uma parte significativa de seus últimos anos de vida.

Gênesis, o último livro de Kissinger, foi escrito em parceria com dois renomados tecnólogos, Craig Mundie e Eric Schmidt, e traz a marca do otimismo inerente a esses inovadores. Os autores antecipam a "evolução do *Homo technicus* — uma espécie humana que pode, nesta nova era, viver em simbiose com a tecnologia das máquinas". Eles argumentam que a IA em breve poderá ser utilizada "para gerar um novo patamar de riqueza e bem-estar humano [...] que, se não eliminasse, ao menos atenuaria as tensões de trabalho, classe e conflito que historicamente assolam a humanidade". A adoção da IA poderia até levar a "equalizações profundas [...] entre raças, gêneros, nacionalidades, locais de nascimento e origens familiares".

Ainda assim, a contribuição do autor mais velho é perceptível na série de alertas que permeiam o livro como um *leitmotif*. "O advento da inteligência artificial é uma questão de sobrevivência humana [...] Uma IA sem controle [...] poderia acumular conhecimento de maneira destrutiva [...]", observam os autores. Renomeada de *Gênesis*, mas imediatamente reconhecível, esta é a questão original de Kissinger em seu artigo publicado na revista *The Atlantic*, em 2018, "How the Enlightenment Ends":

> A capacidade objetiva da IA de alcançar conclusões novas e precisas sobre o nosso mundo por meio de métodos não humanos não apenas abala nossa dependência do método científico, aplicado continuamente há cinco séculos, mas também desafia a alegação humana de deter um entendimento exclusivo ou único da realidade. O que isso pode significar? A era da IA pode não só fracassar em impulsionar o progresso da humanidade, como catalisar um retorno à aceitação pré-moderna de uma autoridade inexplicável? Em suma: estamos — ou poderemos estar — à beira de uma grande inversão na cognição humana, um iluminismo às avessas?

Naquela que me pareceu a seção mais impactante do livro, os autores refletem sobre uma perturbadora corrida armamentista de IA. "Se [...] cada sociedade humana buscar maximizar sua posição unilateral, então estarão criadas as condições para uma batalha psicológica entre forças militares e agências de inteligência rivais, como a humanidade jamais enfrentou", escrevem os autores. Hoje, nos anos, meses, semanas e dias que antecedem a chegada da primeira superinteligência, um dilema de segurança de natureza existencial nos aguarda", escrevem os autores.

Se já estamos testemunhando "uma corrida para alcançar uma única inteligência perfeita e indiscutivelmente dominante", quais são os prováveis desfechos? Os autores vislumbram seis cenários — pelos meus cálculos —, nenhum deles atraente:

1. A humanidade perderá o controle de uma corrida existencial entre múltiplos agentes presos em um dilema de segurança.
2. A humanidade estará sujeita a uma hegemonia suprema, imposta por um vencedor que não se submeterá aos tradicionais freios e contrapesos necessários para assegurar um mínimo de segurança aos demais.
3. Não haverá uma única IA suprema, mas múltiplas instâncias de inteligências superiores no mundo.
4. As empresas que detêm e desenvolvem IA poderão acumular um poder social, econômico, militar e político absoluto.
5. A IA poderá encontrar sua maior relevância e expressão mais difundida e duradoura não nas estruturas nacionais, mas nas estruturas religiosas.
6. A disseminação descontrolada e de código aberto da nova tecnologia pode dar origem a pequenas gangues ou tribos com capacidade de IA inferior, mas ainda assim significativa.

Kissinger estava extremamente preocupado com cenários como esses, e seu esforço para evitá-los não terminou com a escrita deste livro. Não é segredo que o último grande empenho de sua vida — que drenou suas forças restantes nos meses após seu centésimo aniversário — foi iniciar um processo de negociações para a limitação da corrida armamentista de IA entre os Estados Unidos e a China, justamente na esperança de evitar tais desfechos distópicos.

A conclusão de *Gênesis* carrega a inconfundível marca de Kissinger:

> O que para alguns é uma âncora para nos estabilizar na tempestade, para outros é uma coleira que nos prende. O que para alguns são passos necessários rumo ao apogeu do potencial humano, outros consideram uma corrida desenfreada rumo ao abismo.
>
> Neste caso, as divergências emocionais instintivas — e as linhas subjetivas traçadas por todas as partes — criarão uma situação imprevisível e explosiva. As posições cada vez mais rígidas entre potenciais "vencedores" e "perdedores" intensificarão a pressão dessas circunstâncias. Os temerosos desacelerarão o próprio desenvolvimento e sabotarão o dos outros. Os excessivamente confiantes esconderão seus avanços e, em segredo, acelerarão seu trabalho. A linha do tempo das crises que se aproximam será acelerada para níveis muito além de qualquer experiência humana prévia; rapidamente, seremos engolidos, e não está claro se — ou como — sobreviveremos.

A resposta habitual dos tecnólogos a tais presságios é nos lembrar dos benefícios tangíveis da IA, que já são muito evidentes no campo da ciência médica. Não discordo. Em minha opinião, o AlphaFold — um modelo baseado em redes neurais que prevê estruturas tridimensionais de proteínas — foi um avanço muito mais significativo do que o ChatGPT. Ainda assim, a ciência médica fez avanços comparáveis no século XX. E, apesar da descoberta e da ampla disponibilização de antibióticos, novas vacinas e inúmeros novos tratamentos, ainda ocorreram as guerras mundiais e o Holocausto.

O problema central do progresso tecnológico se manifestou ao longo da vida de Henry Kissinger. A fissão nuclear foi descoberta em Berlim, em 1938, por dois químicos alemães, Otto Hahn e Fritz Strassmann. Foi explicada teoricamente (e nomeada) pelos físicos austríacos Lise Meitner e, seu sobrinho, Otto Robert Frisch em 1939. A percepção de que a possibilidade de uma reação em cadeia nuclear leva à "produção em larga escala de energia, elementos radioativos e, infelizmente, talvez também a bombas atômicas" foi do físico húngaro Leó Szilárd. Na mesma época, reconheceu-se, ainda, que essa reação poderia ser utilizada em um reator nuclear para gerar calor. No entanto, foram necessários pouco mais de cinco anos para construir a primeira bomba atômica, enquanto a primeira usina nuclear só foi inaugurada em 1951.

Pergunte a si mesmo: o que os seres humanos mais construíram nos últimos oitenta anos — ogivas nucleares ou usinas nucleares? Atualmente, há cerca de 12.500 ogivas nucleares no mundo, e esse número só aumenta, à medida que a China expande rapidamente seu arsenal nuclear. Em contraste, há 436 reatores nucleares em operação. Em termos absolutos, a geração de eletricidade nuclear atingiu seu auge em 2006, e sua participação na produção total de eletricidade mundial caiu de 15,5% em 1996 para 8,6% em 2022. Isso se deve, em parte, a reações políticas exageradas a um pequeno número de acidentes nucleares, cujos impactos na saúde humana e no meio ambiente foram insignificantes se comparados aos efeitos das emissões de dióxido de carbono provenientes dos combustíveis fósseis.

A lição da vida de Henry Kissinger é clara: os avanços tecnológicos podem ter consequências tanto benignas quanto malignas, dependendo de como decidimos coletivamente utilizá-los. A inteligência artificial, é claro, difere da fissão nuclear em inúmeros aspectos. No entanto, seria um grave erro presumir que essa nova tecnologia será usada mais para fins produtivos do que para propósitos potencialmente destrutivos. Foi esse tipo de percepção, provinda tanto da experiência histórica quanto da vivência pessoal, que levou Henry Kissinger a dedicar grande parte da vida ao estudo da ordem mundial e à prevenção de uma guerra global. Foi também o que o fez reagir com tanta prontidão — e preocupação — aos avanços recentes da inteligência artificial. E é por isso que esta publicação póstuma é tão importante quanto qualquer outro trabalho que ele tenha escrito ao longo de sua longa e impactante vida.

OXFORD

Julho de 2024

IN MEMORIAM: HENRY A. KISSINGER

No dia 29 de novembro de 2023, o Dr. Henry A. Kissinger faleceu aos 100 anos de idade. Uma inspiração para todos que o conheceram, ele trabalhou até o fim nesta obra, seu vigésimo segundo livro. Durante nossos frequentes encontros em seu último ano de vida, ele insistia na importância do tema e na necessidade urgente de difundir sua mensagem. Nós, seus dois coautores, estivemos entre as últimas pessoas a vê-lo e a conversar com ele nos dias que antecederam sua morte. Ao concluir agora este projeto em seu nome e a seu pedido, nos empenhamos em preservar a originalidade de seu pensamento e o tom ressonante de sua voz sobre uma questão de máxima importância para o futuro da humanidade. Finalizar o que ele começou — para que esta última empreitada literária não morra com ele, mas siga vivendo no mundo sem ele — é apenas uma pequena homenagem à sua memória.

Após inúmeras contribuições para a construção deste mundo, ele dedicou suas últimas horas ao esforço vital de salvá-lo. De fato, sua última palavra escrita é um pedido para que toda a humanidade continue o grande projeto de garantir o futuro de nossa espécie. Na metade do século passado, o Dr. Kissinger foi um dos principais arquitetos do esforço filosófico e diplomático para proteger a humanidade da aniquilação atômica — o encontro do século XX com a dura realidade do risco existencial. Esse corajoso defensor contra essa ameaça parte justamente quando um novo risco emerge. Sua vida termina no exato momento em que uma nova forma de vida começa. Na aurora da era da inteligência artificial, reconhecemos que poucos, além do Dr. Kissinger — estudante do século XIX, mestre do século XX e oráculo do século XXI —, estiveram tão bem preparados para pavimentar as bases do nosso futuro.

O Dr. Kissinger foi, antes de tudo, um filósofo da história. De suas profundas investigações sobre a tragédia emergiu uma busca incessante para demonstrar que o idealismo do coração pode não só coexistir com o realismo da mente, como também elevá-lo. Como formulou o escritor francês Romain Rolland, era possível sustentar tanto o "pessimismo da inteligência" quanto o "otimismo da vontade". Se, por um lado, o otimista aspira ao controle humano absoluto sobre nosso destino, por outro, o pessimista enxerga nossa condição como determinada por forças além de nosso controle: as leis da natureza e os ciclos da história.

Certamente, ele sabia muito bem como um idealismo fervoroso pode ser explorado por ideólogos sem remorso, seja no derramamento de sangue ou na imposição implacável do poder. Fascismo, comunismo, totalitarismo, fanatismo religioso militante — todos alegaram buscar os ideais mais elevados em nossa história. Primeiro vítima dessas atrocidades desumanas e, depois, um combatente militar e diplomático contra elas, Kissinger se dedicou a ajudar a reconstruir o mundo sobre um alicerce de ordem sem pudores e segurança sem culpa. Por meio de sua gestão ativa dos assuntos internacionais, ele guiou seu país de adoção — e o mundo — através de convulsões incertas, sempre ancorado no solo firme dos fatos históricos e do interesse nacional.

Brilhante em sua compreensão da necessidade seletiva do realismo, Kissinger também era um idealista — respeitando, como observa seu biógrafo Niall Ferguson, "o papel da liberdade humana, da escolha e da capacidade de ação na formação do mundo". Na teoria e na prática, ele demonstrou sua crença de que os seres humanos não vivem — e não podem viver — como se o futuro fosse inevitável. Em sua tese de doutorado em Harvard, *The Meaning of History*, o jovem Henry Kissinger, então com 27 anos, já enfrentava o mesmo debate filosófico que permeia sua última obra: "Seja qual for a concepção sobre a necessidade dos acontecimentos, e [...] por mais que possamos explicar as ações em retrospecto, sua realização ocorreu com a convicção interna de uma escolha".

Para ele, não havia garantias de que a humanidade conseguiria sobreviver aos desígnios desumanos que ela própria havia criado. Confrontado com a devastadora perspectiva de uma catástrofe nuclear — e carregando esse fardo —, ele não sucumbiu nem ao fatalismo do determinismo, nem às profecias apocalípticas. Se, por um lado, os temores existenciais poderiam levar ao niilismo, por outro, também poderiam infundir nos melhores entre nós a determinação necessária para enfrentar o mal e proteger o que era essencial para o futuro da espécie. No início da década de 1950, ainda um jovem professor em Harvard, Kissinger participou de uma série de encontros nos quais cientistas e acadêmicos proeminentes, como ele próprio, se reuniam para discutir e debater as possíveis consequências de uma guerra nuclear e as medidas necessárias para evitá-la. Dessas reuniões emergiram doutrinas que, desde então, têm resguardado o mundo contra os cenários mais temidos por seus participantes.

Décadas depois, em nossas conversas, o Dr. Kissinger costumava mencionar aqueles encontros — a estrutura, o propósito e a importância retrospectiva. Sua visão permaneceu a mesma até o fim: ele não se resignou ao curso do destino, nem aderiu a qualquer visão utópica. O mesmo equilíbrio que se aplicava ao contexto nuclear também se aplica à IA: pequenos grupos de indivíduos dedicados podem mudar o curso da história ao intervir e manifestar seus valores. No entanto, por mais brilhantes que fossem os cientistas responsáveis por criar novas inteligências, ele acreditava que sua formação, por si só, não seria suficiente para garantir o mínimo necessário de segurança na operação dessas novas ferramentas.

Visando esse objetivo, seu legado na inteligência artificial não se limita apenas a explorações puramente filosóficas e acadêmicas, mas também abrange propostas práticas. Meio século após sua viagem secreta para Pequim e a subsequente abertura das relações entre os Estados Unidos e a República Popular da China, Dr. Kissinger fez mais uma viagem à capital chinesa. Atendendo ao convite urgente do presidente Xi Jimping com a finalidade específica de discutir, como principal tema, os riscos que a IA representa para a humanidade. Foi a última viagem ao exterior que ele faria e sua derradeira missão diplomática.

Se no passado o Dr. Kissinger elevou o estudo e a prática da diplomacia ao nível de arte, hoje sua busca por respostas elevou a inteligência artificial a uma questão que vai além da ciência. Em parceria com um de nós e com o professor Daniel Huttenlocher, do MIT, ele coescreveu *A Era da IA: Nosso futuro como Humanos*, publicado no Brasil em 2023, que previu que a chegada da inteligência artificial criaria uma nova era na história, comparável em impacto ao Iluminismo do século XVIII, por sua capacidade de transformar o pensamento humano de maneiras profundas e inesperadas. Nessa nova era, no entanto, em vez de trabalharmos Com base em perguntas formuladas por humanos, a humanidade se depara com respostas fornecidas pela IA para perguntas que nunca foram cogitadas pelos seres humanos. À medida que a IA conquista os domínios do conhecimento humano, o Dr. Kissinger buscou se apoiar e recorrer aos recursos da sabedoria humana.

Nesta obra, exploramos, junto com o Dr. Kissinger, o impacto da inteligência artificial em oito diferentes áreas da atividade e do pensamento humanos, culminando em sua resposta filosófica à contínua busca por uma estratégia viável para equilibrar benefícios e riscos. Nessa busca, ele investiga as perspectivas de uma coexistência entre humanos e IA e, com o tempo, de uma coevolução entre ambos. Ao abrir, conceitualmente, a possibilidade de uma reconciliação entre essas duas "espécies" — uma orgânica, outra sintética —, ele também expõe a necessidade de uma escolha: criar um mundo em que a *IA* se torne mais parecida *conosco* ou um em que *nós* nos tornemos mais parecidos com a *IA*.

Desde a publicação de seu primeiro livro sobre a era da IA, o Dr. Kissinger começou a perceber, cada vez mais, um limite para a utilidade da razão nos momentos finais dessa era. Para nós, humanos, explicações que vão além de nosso entendimento — ou que não foram elaboradas por nós — podem parecer inescrutáveis; nosso instinto é presumir que são menos avançadas e mais primitivas do que nossas explicações científicas, um retrocesso em vez de um avanço. Mas essa é uma suposição perigosa.

Nas palavras de Arthur C. Clarke, se "qualquer tecnologia suficientemente avançada é indistinguível da magia" e se milagres podem ser criados a partir da matemática, então o futuro deverá ser inexplicável, desconcertante e, de certa forma, mágico. Ao longo das décadas de convívio com o Dr. Kissinger, ele compartilhou generosamente seu vasto conhecimento sobre a arte da diplomacia — esse complexo universo das relações humanas — e nos ensinou que, embora a razão tenha sido o paradigma central por meio do qual a humanidade conseguiu dominar o mundo, ela não servirá para dominar a si mesma.

Daqui para a frente, não devemos depender exclusivamente da razão — o motor histórico dos maiores avanços humanos. Mas tampouco podemos abandoná-la por completo. Assim como buscou a moderação entre idealismo e realismo, em suas investigações finais sobre nosso futuro, ele alcançou um equilíbrio entre essa natureza empírica da verdade e algo mais — que, em termos filosóficos, está além da razão, porém ainda cronologicamente defasado. O mesmo princípio que dita que a formulação da política externa não deve pender para os extremos deve ser aplicado ao nosso modelo para o futuro.

A inteligência artificial, portanto, é um desafio único que exige um tipo de pensamento que, à primeira vista, pode parecer irracional ou alarmista — e, de fato, os cenários descritos neste livro são alarmantes. No entanto, ao nos advertir — e a tantos outros — de que ele próprio não passava de um humilde estudante sobre a humanidade e a mais recente e, talvez, última criação humana, Kissinger nos fez compreender que o maior perigo representado pela IA seria declarar cedo demais — ou de forma absoluta — que a entendemos por completo.

Sua profundidade intelectual e sua percepção sobre as pessoas são qualidades que dificilmente encontraremos de novo. Não conhecemos mais ninguém que, aos 93 anos, dominasse um campo técnico totalmente novo e desconhecido até então. Com sua vitalidade mental e curiosidade insaciável, aliadas a uma devoção ao trabalho e a um profundo senso de missão, nenhuma dor física ou espiritual foi suficiente para enfraquecer sua paixão pelo progresso. Independentemente das fragilidades da velhice, ele se levantava a cada dia com uma determinação inabalável para impulsionar o mundo adiante. Sua força indomável vinha, talvez, de sua disciplina incomparável — forjada na juventude pela opressão, moldada pelo serviço na guerra e testada ao longo de décadas nos embates da vida pública.

Somos apenas dois entre muitos cujas vidas foram moldadas por esse homem extraordinário. Sentiremos profundamente sua falta — sem dúvida, de maneiras que ainda nem conseguimos imaginar. Partindo de nosso convívio às vésperas de uma grande incerteza, ele se faz mais necessário agora do que nunca. Por isso, não poderia haver título mais apropriado para este livro do que *Gênesis* — um novo começo, tanto para ele quanto para toda a humanidade. Se a humanidade terá sucesso ou fracassará, ele já não estará presente para testemunhar o desfecho de seus esforços. Mas, pelo menos agora, temos sua sabedoria para guiar nosso caminho.

— Eric Schmidt e Craig Mundie

GÊNESIS

INTRODUÇÃO

HÁ POUCOS ANOS, a inteligência artificial (IA) ocupava um espaço modesto no debate público. Hoje, após rápidos avanços, tornou-se tema de capa nos principais veículos de notícias e uma questão central para líderes em ciência, negócios, jornalismo, serviço público, educação e política em todo o mundo.

Em nossa visão, tanto o público em geral quanto muitos especialistas na área ainda negligenciam aspectos fundamentais desta nova era da IA. Novas formas de inteligência artificial e as respostas humanas a elas podem transformar nada menos do que a relação da humanidade com a realidade e a verdade; a exploração do conhecimento; a própria evolução física da espécie humana; a condução da diplomacia; e o sistema internacional. Esses são alguns dos temas mais importantes das próximas décadas e deveriam estar no centro das preocupações dos líderes em todas as áreas.

As capacidades mais recentes da inteligência artificial, por mais impressionantes que sejam, parecerão modestas em retrospecto, à medida que seu poder cresce em ritmo acelerado. Habilidades que ainda nem imaginamos estão prestes a se integrar à nossa vida cotidiana. Os sistemas futuros possibilitarão avanços enormes e, em grande parte, benéficos, melhorando nossa saúde e gerando riqueza.

No entanto, essas capacidades trazem consigo riscos tanto técnicos quanto humanos, alguns já conhecidos e outros ainda desconhecidos. As tecnologias atuais já operam de maneiras que os próprios criadores não previram, e essa tendência provavelmente continuará. Cada caminho promissor — e haverá mais de um — explorado pelos cientistas poderá dar origem a novos ramos de poder imprevisto, que podem ou não ser compreensíveis ou benéficos para a humanidade.

A inteligência artificial parece comprimir a escala temporal humana. Cenários futuros estão mais próximos do que parecem. Um exemplo claro disso é que a existência de máquinas capazes de definir os próprios objetivos não está muito distante. Se quisermos ter alguma esperança de acompanhar os riscos envolvidos, precisamos responder e agir no menor prazo concebível. Conscientes da magnitude da questão e da urgência da tarefa que temos pela frente, destacamos neste livro apenas algumas de suas muitas facetas.

À medida que as parcerias entre humanos e máquinas se tornarem onipresentes, caberá aos humanos definir a natureza adequada dessas relações. As respostas podem ser extraídas da lógica da segurança e da eficiência, fundamentadas no estudo da história ou derivadas da esfera divina. Indivíduos, nações, culturas e religiões precisarão estabelecer os limites — se é que haverá algum — da autoridade da IA sobre a verdade. Terão que decidir se permitirão que a IA se torne uma intermediária entre os humanos e a realidade. Nesse contexto, será necessário escolher entre, por um lado, preservar o papel tradicional da iniciativa humana (ainda que cedendo à IA a liderança na descoberta de novos conhecimentos) e, por outro, abandonar as limitações biológicas da mente humana em favor de uma parceria potencialmente reconfigurada com a IA na vanguarda intelectual. Devemos escolher nossos próprios objetivos e usar a IA para alcançá-los, ou permitiremos que as IAs participem da escolha desses objetivos? O mais urgente é que a humanidade atribua uma definição moderna e sustentável de dignidade humana que seja capaz de fornecer uma orientação filosófica para as decisões que tomaremos nos próximos anos.

O advento da inteligência artificial é, em nossa visão, uma questão de sobrevivência humana. Como explicamos mais adiante neste livro, as futuras capacidades da IA, operando em velocidades sobre-humanas, tornarão obsoletos os métodos tradicionais de regulação. Será necessário um novo modelo fundamental de controle. Para a comunidade científica global, a tarefa imediata é encontrar medidas técnicas para incorporar salvaguardas intrínsecas a cada sistema de IA. Por sua vez, as nações e organizações internacionais, assim que alcançarem um consenso, deverão desenvolver novas estruturas políticas para monitoramento, aplicação de regras e resposta a crises. Isso exigirá a resolução não de um, mas de dois "problemas de alinhamento": o alinhamento técnico entre os valores e as intenções humanas com as ações da IA; e o alinhamento diplomático entre os próprios seres humanos.

O Dr. Henry Kissinger, um dos coautores deste livro, orientou de perto seus dois colaboradores sobre este último problema, enquanto eles — antigos altos executivos da Microsoft e da Google — o instruíram sobre o primeiro. Craig Mundie foi o principal responsável pela política tecnológica da Microsoft junto ao governo norte-americano e a governos estrangeiros ao redor do mundo, ao mesmo tempo que supervisionava o Microsoft Research, e mais recentemente, atuou como conselheiro da liderança da OpenAI. Eric Schmidt liderou a Google por uma década antes de passar os dez anos seguintes construindo uma rede de talentos e ideias na interseção entre tecnologia, filantropia e segurança, com o objetivo de proteger a humanidade.

A urgência das questões que confrontamos juntos é tamanha que, em vez de esperar por uma crise, consideramos imperativo que nossa sociedade e, em última análise, nossa espécie, as enfrente de maneira proativa. E, embora a causa da segurança humana seja um componente necessário para uma resposta bem-sucedida à IA, ela não pode responder a todas as questões trazidas pela IA — pois, na era da IA, a humanidade passará por transformações. A questão é se e até que ponto nós, seres humanos, escolheremos continuar a exercer a autoridade sobre como essa mudança ocorrerá.

PARTE I

NO PRINCÍPIO

CAPÍTULO 1
DESCOBERTA

A DESCOBERTA PODE SER a capacidade mais empolgante da espécie humana. Movidos pela curiosidade e fascinados pela surpresa, preenchemos as lacunas e transformamos as perguntas em respostas. A exploração é tão essencial à nossa autodefinição que, apesar dos perigos manifestados e das frustrações, seguimos adiante, incansáveis, por seus muitos caminhos.

Ao longo da história, a exploração humana do ambiente físico tem sido uma jornada marcada por imensa coragem diante de grandes riscos. Com frequência, as equipes que se aventuravam nesses desafios se viam em um confronto com a própria mortalidade. No início do século XVI, a circum-navegação do globo por Fernão de Magalhães foi uma odisseia de três anos repleta de violência, fome e morte. Sua viagem foi a primeira a conseguir traçar uma rota ao redor do mundo. No processo, ele quebrou o recorde de resistência nos mares, estabeleceu as dimensões do planeta e — tendo essa empreitada ocorrido no contexto do colonialismo europeu — abriu caminho para o intercâmbio social e econômico em escala internacional.

A maioria dos marinheiros de Magalhães sabia que estava arriscando a própria vida em uma possível catástrofe. Embora a crença de que a Terra era plana já não fosse amplamente aceita, seu formato esférico ainda não havia sido comprovado como um fato, e muitos de seus tripulantes talvez temessem navegar para além da borda do mundo.

Tanto ele quanto sua tripulação estavam cientes de que qualquer erro de cálculo lhes custaria caro. E, de fato, eles erraram — e pagaram o preço. Subestimaram a duração da jornada, a quantidade de provisões necessárias para sustentá-los, os perigos de envenenamentos em massa e o risco de avarias ou danos irreparáveis nas embarcações. Da frota original de cinco navios, que partiu com cerca de 270 tripulantes, somente uma embarcação retornou ao porto na Espanha, com apenas dezoito sobreviventes. Entre eles, não estava seu capitão, que morreu durante a expedição, atingido na perna por uma flecha envenenada.[1]

Nos 400 anos após a era de Magalhães, cada canto do mundo seria mapeado — com exceção da Antártica, uma terra tão inóspita quanto um planeta alienígena. O explorador anglo-irlandês Ernest Shackleton foi quem chegou mais perto de alcançar o Polo Sul — o fim do mundo — antes de qualquer outro. Em 1909, com uma tripulação inexperiente e sem o apoio de nenhum governo — contando apenas com alguns empréstimos privados e contribuições individuais —, Shackleton e seus homens estabeleceram o recorde da jornada mais longa e abriram caminho para os exploradores que viriam depois.

Embora não tenha conseguido reivindicar o título de primeiro homem a chegar ao Polo Sul, Shackleton conquistou o respeito das gerações futuras. E o fez ao priorizar os valores humanos acima das ambições exploratórias. Um ano após o início da expedição, a tripulação, atrelada diariamente a trenós em turnos brutais de dez horas, avançava apenas alguns quilômetros por dia. Embora tivessem comida suficiente para chegar ao Polo, os demais suprimentos seriam insuficientes para garantir o retorno ao navio.

Naquele momento, a apenas 156 quilômetros da conquista, Shackleton tomou a difícil decisão de retornar, optando por não arriscar a vida de seus homens. "Fizemos o nosso melhor", registrou em seu diário.[2] Na viagem de volta, Shackleton cedeu seu único biscoito diário a Frank Wild, um tripulante em estado debilitado. Wild mais tarde escreveria em seu diário: "Todo o dinheiro que já foi cunhado não teria comprado aquele biscoito, e jamais esquecerei esse sacrifício."[3]

Sem se deixar abater pelo fracasso, Shackleton mais tarde empreenderia novas expedições ao Polo Sul. Durante décadas, circulou uma história — mais tarde desmentida — de que ele teria publicado o seguinte anúncio no *Times* britânico:

> Procura-se homens para jornada perigosa. Salário reduzido, frio extremo, meses intermináveis de completa escuridão, perigo constante, retorno seguro duvidoso. Honra e reconhecimento em caso de sucesso.[4]

O anúncio pode não ter existido, mas o sacrifício que ele ilustra foi real. Essa era a realidade da exploração há apenas um século: nosso progresso nas fronteiras do desconhecido era limitado pelo número de almas corajosas dispostas a aceitar probabilidades tão adversas.

Talvez em reconhecimento a esses perigos, alguns governos decidiram patrocinar e recompensar expedições de descoberta, transformando essas empreitadas em parte do jogo de competição internacional. A jornada de Magalhães, por exemplo, foi fortemente influenciada pela política. Sem conseguir apoio financeiro do rei de Portugal — seu próprio soberano —, Magalhães desertou e navegou sob o patrocínio mais receptivo da coroa espanhola. Após sua morte, a tripulação escolheu um espanhol, Juan Sebastián Elcano, para assumir o comando. Na viagem de retorno, desesperado e quase sem comida e suprimentos, Elcano tentou uma parada nas ilhas de Cabo Verde — uma colônia portuguesa na costa da África Ocidental —, enviando treze tripulantes à terra firme para negociar com o governador colonial. No entanto, seu pedido foi recebido com uma humilhante rejeição.

Decepcionado, porém agora ainda mais determinado a demonstrar o erro de Portugal e a conquista da Espanha, Elcano ordenou que levantassem âncora e seguiu viagem de volta para casa, deixando para trás os membros da missão avançada, presos em território hostil. Ao finalmente concluir a jornada — e concretizar a visão de Magalhães —, Elcano escreveu ao rei da Espanha, que àquela altura era também o Sacro Imperador Romano-Germânico e o soberano mais poderoso do mundo:

> Vossa Majestade saberá melhor do que ninguém que o que mais devemos valorizar e preservar é o fato de termos descoberto e navegado por toda a circunferência do mundo, que, partindo para o Oeste, retornamos pelo Leste.[5]

Mais tarde, humanos destemidos e seus patrocinadores políticos levariam o projeto de descoberta muito além da esfera terrestre. Não nos limitaríamos a apenas estudar os planetas — uma prática que já perdurava há milênios —, mas nos aventuraríamos a pisar em suas superfícies com os próprios pés. Após a Segunda Guerra Mundial, a "corrida espacial" entre os Estados Unidos e a União Soviética, um desdobramento da Guerra Fria geopolítica, lançou as duas superpotências em uma competição para enviar humanos a lugares onde jamais haviam estado.

Embora os astronautas possam ser considerados pioneiros, nenhuma das incursões espaciais empreendidas por Moscou e Washington foi uma aposta individual arriscando vida e fortuna. Pelo contrário, cada uma delas foi uma missão diplomática e militar coordenada, impulsionada por enormes investimentos de recursos financeiros, tempo e ampla margem para experimentação. Nos últimos 70 anos, mais de 600 astronautas romperam os céus e viajaram pelo espaço, alguns foram ainda mais longe e orbitaram, circundaram ou caminharam na Lua.[6] Assim, a rivalidade entre EUA e União Soviética nos levou, ao mesmo tempo, à beira da aniquilação nuclear e à conquista espacial.

Mais de um século antes da Era dos Descobrimentos — como veio a ser chamado o início da era moderna de Magalhães, Vasco da Gama, Américo Vespúcio e tantos outros —, as ambições marítimas da China não tinham paralelo em termos de alcance e escala. Superando em muito os recursos e o apoio concedidos pelos governos ocidentais a seus exploradores, a "frota do tesouro" de Zheng He, o grande almirante da dinastia Ming, era composta por dezenas, às vezes até centenas, de navios de última geração, transportando dezenas de milhares de marinheiros, soldados, diplomatas e comerciantes. Cada uma das expedições do almirante chinês durava dois anos. Após navegar pelas águas do Pacífico, próximo à costa do sudeste da China, seus navios seguiam rumo ao oeste, passando pelo Golfo de Bengala, o Oceano Índico, o Mar Arábico, o Mar Vermelho e, finalmente, alcançando a costa suaíli da África Oriental, em explorações que se estenderam por quase três décadas, de 1405 a 1433.[7]

As viagens de Zheng He, em origem e motivação, estavam mais próximas dos modernos programas espaciais norte-americanos e soviéticos do que dos equivalentes ocidentais de sua época. Não eram tanto saltos rumo ao desconhecido, mas, sim, o resultado grandioso da diplomacia imperial. No entanto, é justamente aí que reside um problema. Os fatores que garantem o sucesso de uma expedição, mesmo em um Estado com recursos vastos, podem determinar sua descontinuidade no longo prazo. A política muda. As prioridades se realinham. A paciência humana se esgota com facilidade. Os colossais gastos com a "frota do tesouro" eram tão exorbitantes que facções dentro da corte Ming começaram a criticar o financiamento imperial dessas missões. Reveses políticos e desastres naturais agravaram ainda mais a instabilidade. Por fim, o governo chinês decidiu destruir ou abandonar seus melhores navios, junto com grande parte dos registros das viagens de Zheng He, temendo que surgisse outro visionário para cativar e influenciar a liderança do país. Os navios apodreceram, e nada semelhante àquela frota seria visto novamente por 400 anos.

De maneira análoga, após vencer a corrida espacial, sem um concorrente para impulsionar seus esforços nacionais, o apoio à exploração espacial em Washington definhou, e o orçamento da National Aeronautics and Space Administration (NASA) foi reduzido. Ao longo de cinco décadas, a capacidade norte-americana para realizar voos espaciais tripulados foi aos poucos se deteriorando. De única nação no mundo capaz de levar humanos à Lua, os Estados Unidos passaram a se limitar ao transporte de astronautas para a "órbita baixa da Terra" até, por fim, perderem a capacidade de enviar qualquer pessoa ao espaço.

A reputação norte-americana só foi recuperada graças ao trabalho de exploradores da iniciativa privada que, liderados pela empresa aeroespacial SpaceX, reacenderam as ambições cósmicas no Ocidente. Os esforços da empresa levaram a um horizonte até então inimaginável: considerar nossos vizinhos celestes mais próximos não apenas como um destino temporário, mas como lares permanentes. Um século atrás, Shackleton ajudou a estabelecer a presença de humanos no extremo sul da Terra. Hoje, a Cratera Shackleton — uma depressão nomeada em sua homenagem, localizada não no polo sul da Antártica, mas no da Lua — é o local planejado para o próximo posto avançado da humanidade.

A existência de patrocinadores alternativos tem sido crucial para a continuidade da exploração. Na Europa de Magalhães, se um monarca se mostrasse pouco disposto a apoiar uma expedição, um explorador poderia buscar financiamento de outro. No século XX, Ernest Shackleton, almejando reivindicar o Polo Sul para um Império Britânico em declínio e distraído pelo início da Primeira Guerra Mundial, em 1914, viu-se incapaz de obter os fundos necessários da Coroa e recorreu principalmente a doadores privados. A ascensão de corporações privadas com fins lucrativos — que permitem o compartilhamento de investimentos e riscos — abriu novas possibilidades. Só podemos imaginar o que o acesso a essas alternativas teria significado para Zheng He e seus sucessores.

A IA ENTRA EM AÇÃO

Durante grande parte da história ocidental, a exploração da realidade esteve focada em entidades geográficas — nosso planeta e nossos vizinhos celestes mais próximos. À medida que os humanos foram adquirindo domínio sobre o ambiente físico imediato — terrestre, marítimo e aéreo —, era apenas uma questão de tempo até que nosso inquieto instinto de descoberta expandisse seu alcance do ambiente ao nosso redor para as ideias dentro de nós. Hoje, estamos na fronteira não da exploração física, mas da intelectual.

O desenvolvimento da inteligência artificial inaugurou uma nova era de descobertas. Quando integrada a sistemas físicos, a IA permite que sensores robóticos assumam funções que antes caberiam aos humanos, desvinculando a exploração dos riscos físicos para o explorador e, consequentemente, ampliando o número de desenvolvedores e investidores dispostos a se engajar nessa jornada.

Além disso, a IA não sente medo, portanto não se intimida diante da vastidão da realidade. Por também não sentir vergonha, falha sem hesitar — mas consegue se recalibrar tão rápido que, por meio de improvisação e experimentação constantes, é capaz de lidar com altas taxas de erro sem que isso represente retrocessos para seus desenvolvedores e investidores.

Atualmente, a descoberta por meio da inteligência artificial é um projeto conduzido quase exclusivamente por corporações e empreendedores do setor privado, com os Estados assumindo um papel de financiadores complementares. No entanto, mesmo sem uma ação governamental complementar, o crescimento e a expansão da IA provavelmente continuarão a ser impulsionados por uma ampla diversidade de fontes de capital. Fato é que, nas atuais fases de desenvolvimento ainda iniciais, quantidades significativas de capital humano e apoio da sociedade podem continuar sendo necessárias; mas, no futuro, a contínua exploração da IA pode deixar de representar um fardo fiscal e político para as sociedades que a implementam. Salvo acontecimentos imprevistos, e ao contrário do que aconteceu nas eras anteriores de exploração — que foram encerradas antes de alcançar seu pleno potencial —, podemos esperar que a descoberta da IA e por meio da IA continue sem grandes interrupções.

Ainda assim, embora a IA esteja parcialmente livre das antigas limitações à descoberta, ela não pode escapar de todas elas — especialmente à medida que seus efeitos se tornam mais pronunciados. A tolerância ao risco nas sociedades democráticas e o futuro incerto da dinâmica internacional continuarão sendo fatores imprevisíveis no campo da inteligência artificial. Talvez a história se desenrole como uma "corrida da IA". Talvez culmine em algo semelhante à destruição deliberada da "frota do tesouro" de Zheng He pelo governo Ming. Ou, quem sabe, os Estados conduzirão o progresso por um caminho intermediário.

A MENTE POLÍMATA

Em retrospecto, parece óbvio que o domínio da descoberta estava fadado a se expandir além do mundo físico — território dos almirantes, astronautas e aventureiros — e que seus exploradores se tornariam mais diversos. De fato, desde tempos relativamente antigos, a história testemunhou o ocasional surgimento de um novo — ou, se não exatamente novo, com certeza diferente — tipo de desbravador humano: o polímata.

Excepcionais por sua capacidade de dominar múltiplas áreas do conhecimento, sendo cada uma delas capaz de absorver, por si só, o esforço de uma vida inteira, o número de indivíduos polímatas ao longo da história talvez não ultrapasse algumas centenas. Seja dedicando-se às artes, às ciências ou a ambas, todos foram movidos pela paixão por revolucionar ou criar campos inteiros de estudo do zero. Impulsionados não só pela coragem em seus corações, mas pelo puro poder da mente, eles se aventuraram de maneira destemida nas profundezas do conhecimento e da imaginação humanos — um território ainda mais vasto do que aquele enfrentado pelo típico explorador do mundo físico.

Em algumas épocas, esses indivíduos singulares, dotados de uma capacidade prodigiosa para decifrar o universo, foram vistos tanto com admiração quanto com desconfiança — como feiticeiros ou supostos intermediários entre a humanidade e o Criador divino do cosmos — uma reputação que costumava colocá-los em conflito direto com autoridades religiosas ou políticas. Em outros momentos, valorizados por seus dons, foram incentivados a seguir seus estudos sob a proteção direta dessas mesmas autoridades e foram recompensados por seus esforços.

Na Idade de Ouro Islâmica, os polímatas buscavam formas de inovar na ciência a serviço da fé. Ibn al-Haytham, de Basra, no atual Iraque, propôs o conceito do método científico — cinco séculos antes de contemporâneos renascentistas reivindicarem esse feito no Ocidente.[8] Igualmente versado em geometria, astronomia, óptica e psicologia experimental, al-Haytham também detinha um profundo conhecimento em engenharia hidráulica.

Foi justamente esta última área de conhecimento que o colocaria em conflito com a religião. Ao afirmar ser capaz de regular as inundações do Nilo — um fenômeno natural que ainda era amplamente considerado de origem sobrenatural —, ele foi convidado a se apresentar perante o califa, em Bagdá. Lá, seus projetos de engenharia foram considerados incompatíveis com a teologia islâmica. Como punição por suas alegações audaciosas e por seu pensamento revolucionário, foi forçado a viver na clandestinidade até a morte do califa.

Outros polímatas, tal como Muhammad ibn Musa al-Khwarizmi — um persa da região do atual Turcomenistão —, obtiveram maior sucesso ao se dedicar a áreas do conhecimento que serviam diretamente a seus mestres teológicos. Al-Khwarizmi foi nomeado astrônomo da corte e chefe da biblioteca da Casa da Sabedoria em Bagdá.[9] A astronomia floresceu sob apoio dos califas abássidas, que se tornaram generosos patronos de estudiosos como ele, devido às suas contribuições diretas à fé islâmica. Por exemplo, as coordenadas geográficas de locais sagrados — e, o mais importante, a direção de Meca, fundamental para as orações islâmicas — tornaram-se muito mais precisas graças ao acesso aprimorado da astronomia medieval ao posicionamento exato das estrelas.

Contemporâneos de al-Haytham e al-Khwarizmi encontraram formas cada vez mais criativas de manter vivo o espírito de descoberta ao aprofundar a aliança entre ciência e religião, garantindo um refúgio para aqueles que detinham "a unidade do intelecto" — termo usado por Ibn Rushd (também conhecido como Averróis), outro grande polímata muçulmano da mesma época — em uma era nomeada não pelas conquistas da razão, como foi o Iluminismo europeu, mas por sua fervorosa religiosidade.[10]

A milhares de quilômetros de Bagdá — e uns dos outros —, os polímatas chineses e indianos não se alinhavam à autoridade divina, mas, sim, às estruturas de governo, compartilhando, assim, uma distinta proximidade com a política, conquistada tanto por privilégio quanto por esforço. No século XII, Hemachandra — o "detentor de todo o conhecimento de sua época" — serviu como conselheiro do rei Kumarapala, no local que hoje é Gujarat. Séculos depois, Akbar, o Grande — o jovem imperador mogol — não apenas governaria o império, mas também alcançaria êxitos acadêmicos na arquitetura, na engenharia e na literatura.

Além de sua excelência intelectual, os prodígios chineses também desempenharam um papel no serviço à corte como conselheiros, estudiosos oficiais e administradores de alto escalão. O governo era tanto cliente quanto patrono. Em um dado momento, esses pensadores podiam ser encontrados supervisionando o desenvolvimento da ciência dos calendários como chefes do Bureau de Astronomia e, uma hora depois, poderiam estar aconselhando o gabinete central do imperador sobre a melhor forma de aumentar a produção agrícola. Eram encarregados de construir grandes máquinas de guerra, enviados como embaixadores em missões diplomáticas a reinos vizinhos e incumbidos de aconselhar o imperador em questões de política econômica.

No entanto, eles não tinham autonomia, sendo tolerados apenas enquanto o imperador necessitasse de seus serviços intelectuais. No mundo chinês, a política de facções tornou-se um obstáculo à genialidade, tanto quanto as restrições religiosas no mundo islâmico. Os brilhantes intelectos de uma geração estavam à mercê do próprio sistema que havia identificado seus talentos, no qual a ciência ainda estava subjugada ao filho dos céus. Shen Kuo — um polímata da dinastia Song — foi destituído por um oficial militar invejoso, caindo em desgraça perante o imperador e sendo forçado ao isolamento como resultado de uma rivalidade política com — curiosamente — o único outro grande polímata da dinastia.[11]

Polímatas solitários floresceram durante os tempos antigos e medievais no Oriente Médio, na Índia e na China. No entanto, somente após a Era das Explorações é que teve início a investigação conceitual sistemática, primeiro na Europa e, mais tarde, nos Estados Unidos, evento que hoje chamamos de Era da Razão ou Iluminismo. Antecedidos e facilitados pelo Renascimento dos séculos XV e XVI, os quatro séculos seguintes — que nos levam ao limiar da era da inteligência artificial — revelaram-se um período fundamentalmente distinto para a descoberta intelectual.

Nos tempos pré-iluministas, os polímatas tinham pouca escolha a não ser servir a um poder superior, fosse ele um imperador ou um califa. Em contraste, muitas das figuras proeminentes do Iluminismo europeu puderam se dedicar às próprias descobertas não como meio para fins políticos ou teológicos, mas como fins em si mesmos. "Um homem pode fazer todas as coisas que quiser", proclamava com orgulho o polímata italiano Leon Battista Alberti sobre o Homem Renascentista.

Ainda assim, embora a inteligência seja necessária para a exploração, ela não é suficiente. Além de cultivar um apetite pelo risco, exploradores também precisam contar com os recursos certos, o ambiente apropriado e os colaboradores adequados. Durante o Iluminismo, os exploradores tinham acesso a esses três fatores. Governos e corporações, em grande medida motivados pelo interesse em transformar a teoria científica em aplicações militares e comerciais, atuaram como patronos ativos e parceiros dos polímatas euro-atlânticos, permitindo-lhes, em grande parte, a liberdade de direcionar sua energia e suas habilidades como bem entendessem. Mesmo quando surgiam tentativas de cooptar, suprimir ou interferir em seus trabalhos, a Europa era fragmentada o bastante para permitir que pensadores cujas ideias fossem rejeitadas em um local encontrassem refúgio em outro. Assim, o francês François-Marie Arouet, mais conhecido pelo pseudônimo de Voltaire, passaria uma significativa parte de sua vida fora da França, enquanto o russo Mikhail Lomonosov, ao decidir aos 19 anos "estudar ciências", deixou para trás as circunstâncias limitadoras de sua aldeia natal no extremo norte e foi para Moscou, onde obteve uma educação básica antes de estudar em Kiev e, depois, na Alemanha, nas universidades de Marburgo e Freiberg.[12]

Um dos resultados mais marcantes desse processo foi que o progresso humano passou a ser impulsionado por uma inédita concentração de pensadores afins, conectados por proximidade física ou intelectual, o que forçava inteligências de alto nível a competirem e colaborarem entre si. Até então, a história da genialidade humana era uma jornada solitária, isolada pelas tiranias do espaço e do tempo. Por trabalharem individualmente com frequência, sem quase ninguém em seu entorno espacial ou temporal com quem colaborar ou compartilhar dificuldades, os polímatas só podiam expandir os limites até o ponto que as próprias capacidades permitissem. Além disso, essa conexão limitada com outros pioneiros intelectuais, tanto dentro de seus respectivos territórios quanto entre diferentes sociedades, praticamente garantia uma redundância de esforços entre inventores que desconheciam as pesquisas uns dos outros e, portanto, não podiam avançar com base em descobertas alheias.

Gradualmente, para aqueles afortunados o suficiente para ter acesso a materiais precisos, atualizados e fielmente traduzidos, invenções complexas puderam ser desenvolvidas por meio de um esforço coletivo — não apenas simultaneamente, mas ao longo de gerações. No Iluminismo, os polímatas passaram a ser capazes de conectar não só disciplinas distintas, mas também áreas do conhecimento que nunca antes haviam sido conciliadas ou unificadas em um todo coerente. Já não existia mais uma "ciência persa" ou uma "ciência chinesa", havia apenas ciência.

Essa capacidade de integrar conhecimentos de domínios diversos ajudou a produzir avanços polímatas acelerados e, com o tempo, revelou-se a melhor tentativa até então de alcançar uma verdadeira "inteligência coletiva". Por exemplo, no século XX, o Projeto Manhattan, durante a Segunda Guerra Mundial, reuniu uma densidade extraordinária de intelectos brilhantes que, trabalhando em conjunto, traduziram, em menos de cinco anos, gerações de física teórica em uma aplicação devastadora — um feito que teria sido inconcebível para seus predecessores. Instituições como o Institute for Advanced Study da Universidade de Princeton e a RAND Corporation, na Califórnia, também se tornaram santuários para mentes excepcionais.

Naturalmente, alguns polímatas, sobrecarregados pela própria genialidade, ainda preferiam trabalhar sozinhos. Um deles foi o inventor sérvio-americano Nikola Tesla:

> A mente é mais aguçada e perspicaz no isolamento e na solidão ininterrupta. Não é necessário um grande laboratório para pensar. A originalidade prospera no isolamento, livre das influências externas que nos pressionam e enfraquecem a mente criativa. Estar sozinho, esse é o segredo da invenção; é estando sozinho que as ideias nascem. É por

isso que muitos dos milagres terrestres tiveram sua gênese em ambientes modestos.[13]

Mas Tesla foi a exceção, não a norma. O século XX produziu uma explosão cambriana de ciência aplicada, impulsionando a humanidade em uma velocidade e escala incomparáveis a qualquer evolução anterior. Movidos pela combinação de suas capacidades mentais, grupos de polímatas passaram a contar com as ferramentas da modernidade. O efeito agregado desse intenso impulso ajudou a superar um número considerável de limitações humanas. A comunicação digital e a busca na internet — elas próprias fruto do trabalho conjunto de polímatas — possibilitaram a ampliação dessas redes e a organização do conhecimento em um nível muito além das capacidades humanas anteriores.

No entanto, é claro que há um limite. Não importa o quanto otimizemos os meios destinados a nos levar a novas fronteiras, nem a eficiência com que organizemos a genialidade humana em operações produtivas — as restrições biológicas e as limitações humanas continuam a impor barreiras às nossas capacidades. Nosso tempo na Terra é finito. Precisamos dormir. Sentimos cansaço. Necessitamos de descanso e recuperação. E mesmo durante o tempo em que está ativo, a maioria dos humanos consegue se concentrar em apenas uma tarefa por vez.

Considere, por exemplo, Thomas Edison — um polímata rival de Tesla, do final do século XIX e início do século XX —, cujos milhares de experimentos para criar uma "lâmpada elétrica incandescente prática" levaram três anos para alcançar o sucesso. É verdade que Edison acabou distraído por suas contribuições para aprimorar o telefone, invenção de Alexander Graham Bell. Mas, mesmo contando com a ajuda de muitos assistentes, sua busca pela lâmpada exigiu um esforço extraordinário. Ainda hoje, a pesquisa e o desenvolvimento de muitas tecnologias de ponta continuam a ser processos dispendiosos, exaustivos, demorados e desafiadores tanto política quanto psicologicamente. Como os resultados são incertos, a exploração das fronteiras do mundo físico ainda inatingidas — o espaço, as profundezas do mar, a crosta interna da Terra — permanece um projeto restrito às empresas mais bem-sucedidas e aos governos mais ricos.

Entretanto, são justamente essas probabilidades desfavoráveis que fazem com que a descoberta continue a parecer significativa, até mesmo milagrosa.

O físico John von Neumann, mais tarde considerado um dos últimos grandes polímatas, foi nomeado como a "Pessoa do Século" pelo *Financial Times* por personificar a confiança característica do século XX no poder da mente para "dominar e domesticar o mundo físico".[14] De fato, von Neumann dedicou-se com energia feroz a questões centrais como a teoria matemática e a bomba atômica, mas, acima de tudo, à criação do computador — que foi ao mesmo tempo a última grande inovação do século e uma das últimas invenções que os humanos precisaram conceber e produzir de maneira isolada.

Com intelectos grandiosos como o de von Neumann, a humanidade pode ter atingido o ápice da capacidade da inteligência humana não aumentada para expandir nossos horizontes intelectuais. A polimatia é rara porque, normalmente, leva tanto tempo para dominar os fundamentos de uma área que, quando um aspirante a polímata finalmente consegue, já não tem tempo para explorar outra — e talvez até já tenha perdido a capacidade de pensar de maneira criativa. Entretanto, nos dias atuais, a inovação parece surgir cada vez mais do trabalho de equipes do que de um único gênio dotado de uma visão brilhante e interdisciplinar.

Integrar o conhecimento adquirido por múltiplas mentes continua sendo um processo desafiador. Mesmo — ou talvez especialmente — entre intelectuais brilhantes, a multiplicidade de colaboradores pode dificultar a comunicação sinérgica.

Em contraste, a inteligência artificial será o polímata definitivo. Ao explorar as fronteiras do conhecimento humano, ela é capaz de processar e gerar representações de enormes volumes de informação em uma velocidade impressionante. Analisa padrões em inúmeras dimensões e campos simultaneamente, criando uma conectividade sem precedentes. Sua eficiência lhe permite transcender as limitações da descoberta humana, a tal ponto que se espera que consiga unificar diversos domínios intelectuais em uma nova "unidade do conhecimento", nas palavras do sociobiólogo norte-americano E. O. Wilson.[15]

Assim como as realizações dos polímatas do Iluminismo dependeram da interconexão do conhecimento, os avanços recentes em aprendizado de máquina só foram possíveis graças à enorme escala dos dados — a inteligência coletiva —, que não apenas foi viabilizada, mas também se tornou prontamente acessível por meio da IA contemporânea.

Levando a analogia um passo adiante, talvez não seja surpresa que os mais recentes avanços em técnicas de IA, em vez de dependerem de um único grande programa operando isoladamente, tenham sintetizado as conclusões de múltiplos programas menores, no que se conhece como "mistura de especialistas". Prevemos que este não será o último exemplo do poder amplificado dos polímatas atuando em colaboração.

Até agora, o grande projeto da exploração permaneceu limitado pela quantidade e qualidade dos humanos presentes nas fronteiras do conhecimento. Sempre tivemos apenas alguns milhares de pioneiros do mundo físico e um número ainda menor de polímatas. A inteligência artificial, portanto, está prestes a desencadear uma revolução tanto na exploração do mundo físico quanto do intelectual. Como já mencionado, a IA não sente medo nem vergonha, avançando de maneira impassível rumo às fronteiras conforme lhe for ordenado. Além disso, sendo igualmente capaz de explorar quilômetros do espaço sideral e nanômetros da biologia humana, sua investigação da realidade não é restrita por experiência subjetiva, esforço físico, poder cognitivo ou sentidos humanos. No que tange à realidade física, a exploração realizada por máquinas não exige que sacrifiquemos vidas pela causa; pelo contrário, pode demandar muito *menos* do nosso tempo — isto é, apenas o tempo que os humanos dedicam a seu desenvolvimento.

No futuro, a principal limitação de uma sociedade pode não ser mais o número de polímatas talentosos que ela consegue reunir para impulsionar um pequeno, e por vezes inconsistente, progresso científico. O potencial da humanidade não estará mais restrito à quantidade de Magalhães ou Teslas que produzimos. Tampouco a nação mais forte do mundo será necessariamente aquela que possuir mais Albert Einsteins e J. Robert Oppenheimers, desde que seja capaz de criar e utilizar a inteligência artificial em seu mais pleno potencial. Isso sugere a possibilidade de uma mudança de paradigma no critério fundamental para medir o poder nacional — um critério que, ao longo dos séculos, evoluiu de território para recursos, depois para capital, então para capital humano e, agora, talvez, para capital computacional.

Além disso, uma máquina capaz de aprender poderia muito bem se tornar uma máquina capaz de se aprimorar. No fim das contas, a última invenção polímata — a computação, que amplificou o poder da mente humana de uma maneira fundamentalmente distinta de qualquer máquina anterior e, décadas depois, viabilizou avanços na inteligência artificial — poderá ser lembrada como a substituta de seus próprios inventores?

A TERCEIRA ERA DA DESCOBERTA

Do ponto de vista da inteligência artificial, o conhecimento acumulado pela humanidade se assemelha a um arquipélago de ilhas vulcânicas espalhadas em um oceano infinito. Nessa concepção imaginária, o centro geográfico de cada ilha é dominado por um pico vulcânico: à medida que o olhar do observador desce em direção ao mar, a certeza se dissipa, reduzindo-se a níveis de confiança cada vez mais baixos até alcançar a linha costeira.[16]

Se, para fins desse exercício imaginativo, uma quantidade suficiente de água fosse drenada dos oceanos da Terra, uma vasta topografia de terrenos submarinos até então praticamente invisíveis ao olhar humano seria revelada; as ilhas deixariam de parecer massas de terra livres isoladas no oceano e passariam a ser vistas apenas como os picos expostos de imensas montanhas ou vulcões submersos — que, erguendo-se a partir de suas bases ocultas no fundo do mar, são apenas altos o suficiente para romper a superfície.

Nessa concepção, se cada ilha representar uma disciplina do entendimento humano, a água que as separa simboliza as conexões incompletas que ainda precisam ser descobertas para que possamos avançar na compreensão do universo como um todo potencialmente coerente. Embora por ora possamos nos sentir seguros com o mapeamento de nossa realidade imediata, temos pouca noção do que se encontra abaixo — ou além — de nós. A inteligência artificial pode mudar isso.

Tomemos como exemplo a física, o caso científico por excelência. Se Isaac Newton harmonizou as leis do mundo celeste e terrestre, e se Michael Faraday e James Clerk Maxwell fizeram o mesmo com a eletricidade, o magnetismo e a óptica, ainda permanece em aberto a busca por uma "Teoria da Grande Unificação" que reconcilie as duas teorias separadas e incompatíveis que tentam explicar nossa existência com base em extremos opostos da realidade: a teoria cósmica (relatividade geral) e a teoria subatômica (mecânica quântica).

A IA pode, enfim, trazer ordem e estrutura a áreas de conhecimento aparentemente díspares, revelando, no processo — assim como nos arquipélagos formados por uma mesma base geológica —, uma interconexão entre domínios como genética, linguística, cosmologia e psicologia. Pode, inclusive, ajudar a reconciliar divisões entre escolas de pensamento ou sistemas de crença que parecem incompatíveis.

Em muitas disciplinas, já identificamos uma ampla faixa de possíveis verdades, embora muitas delas tenham probabilidade baixa de serem, de fato, verdadeiras. No arquipélago do conhecimento humano, essas possibilidades são como pontos ao longo da linha costeira: não são pura ignorância, mas também não são necessariamente conhecimento. Quando guiada a uma área de investigação nessa margem, a IA pode determinar com extraordinária precisão quais são os caminhos mais promissores para exploração.

Ao selecionar, testar, reverter e selecionar novamente em rápida sucessão, ela é capaz de avaliar os efeitos de milhões de escolhas possíveis.

Esse é o método (como exploraremos mais adiante, no Capítulo 5) pelo qual o laboratório DeepMind, da Google, não apenas atingiu a maestria no antigo jogo de tabuleiro chinês Go, tal como os humanos o conheciam, mas também — na medida em que a máquina demonstrava seu conhecimento aos humanos — acrescentou novos elementos ao nosso entendimento do jogo. Em comparação com programas anteriores que jogavam xadrez, frequentemente baseados em computação por força bruta, o AlphaGo — após ter "treinado" com 30 milhões de jogadas anteriores — revelou a capacidade das máquinas de raciocinar de maneira abstrata.[17]

Nesse sentido, o treinamento da máquina se assemelha ao "treinamento" da mente de um estudante de doutorado em filosofia: no caso deste último, trata-se de um processo gradual de desenvolvimento da capacidade de pensar e raciocinar ao longo de anos de estudo intensivo. Assim como um estudante que, após anos de aprendizado, responde às perguntas em sua defesa de tese, o sistema da DeepMind "se treinou" para transcender os ensinamentos a que fora previamente exposto e reproduzir — por meio de seu processo de aprendizado mais abstrato e avançado — as jogadas de xadrez que inferiu terem a maior probabilidade de levar à vitória. Em certos momentos, de fato, o modelo de IA conseguiu escolher jogadas que nunca haviam sido tentadas por um humano em 4 mil anos de prática do jogo — algo que só foi possível porque, enquanto a mente humana parece limitada à manipulação de apenas quatro variáveis independentes por vez, a IA é capaz de processar julgamentos probabilísticos oriundos de inúmeras dimensões simultaneamente.[18] Dessa forma, a IA acessou ideias originais e, pela primeira vez, integrou-as à experiência humana.

Um usuário que faz uma consulta a um modelo de IA — por exemplo, digitando uma pergunta no ChatGPT — não está apenas solicitando a recuperação de uma informação específica, como ocorre com mecanismos de busca convencionais, mas, sim, pedindo que a IA sintetize múltiplos pontos de informação e, com base neles, formule uma conclusão. Movendo-se ao mesmo tempo em diversas direções e por múltiplas dimensões, a IA gera representações de informação em um espaço de alta dimensionalidade, identificando conexões dentro e entre inúmeros campos e subcampos do conhecimento; e, com base nessas representações intrincadamente conectadas, formula suas conclusões.

É na resposta às nossas perguntas que reside o dom da capacidade e velocidade aparentemente sobre-humanas dos "grandes modelos de linguagem" da IA, que são pré-treinados em vastas quantidades de dados. Como a precisão das respostas determina o nível de confiança que depositamos nas diversas verdades que defendemos, tais modelos produzem uma geologia cada vez mais detalhada das profundezas do conhecimento.

A IA provavelmente acumulará novos conhecimentos não apenas com grande rapidez, mas também de maneiras que abrirão um amplo leque de possibilidade para exploração. No jogo de xadrez da AlphaGo, por exemplo, a IA tendia a buscar soluções caracterizadas por uma abertura incomum. Os modelos de IA podem, portanto, ter absorvido durante seu treinamento um viés em favor de áreas que oferecem um alto potencial para múltiplas opções, possibilitando uma investigação ágil e flexível rumo ao desconhecido.

Pode ser difícil para os humanos se ajustarem a esse novo modo de exploração conduzido pela IA. O desafio mais sério envolverá a questão de se — e como — essa exploração reflete ou contradiz a percepção da realidade e o propósito humanos. Podemos desenvolver meios para acompanhar e monitorar o avanço da IA à medida que a instruímos a criar novas extensões de conhecimento. Ou podemos nos equipar com maquinário industrial que nos permita, ainda que lentamente e em nosso próprio ritmo humano, dragar sedimentos do fundo do oceano e, assim, expandir nosso pequeno rochedo de compreensão. Ou, quem sabe, podemos acabar convencidos a nunca mais pisar em terras além das já conhecidas.

E então surge o desafio de uma IA sem o devido controle, que poderia acumular conhecimento de maneira destrutiva. Seus métodos de descoberta poderiam ser tão violentos quanto os eventos vulcânicos que moldaram nosso lar. Para estender a metáfora atual: ao entrar novamente em erupção, a IA poderia devastar o conhecimento preexistente e, ao mesmo tempo, expandir significativamente a área das ilhas do saber. Poderia até romper enormes placas no fundo do mar, cujas colisões poderiam trazer à superfície novas montanhas de conhecimento — que, por sua vez, por estarem desconectadas de nossa experiência, poderiam desencadear uma tempestade de crises cognitivas e nos levar, de maneira inevitável, a uma compreensão mais completa — embora indesejada — da realidade.

Por outro lado, se alinhado aos nossos objetivos, o desenvolvimento da IA poderia, assim como já ocorreu com a computação, tornar-se uma missão humana capaz de facilitar todas as demais missões humanas. Isso elevaria a IA à posição de principal força exploratória — ou no mínimo coigual — do universo, sendo parcial ou totalmente responsável pela maioria das descobertas significativas do próximo século. Caso isso ocorra, talvez nós, humanos, percebamos em retrospecto quão pequena é a ilha de conhecimento que cultivamos ao longo dos últimos milênios, quando comparada aos picos de possibilidades que sempre estiveram sob nossos pés.

CAPÍTULO 2

O CÉREBRO

DIVERSAS ANALOGIAS TÊM sido propostas para ajudar a explicar, esclarecer e contextualizar tanto a chegada quanto a importância da inteligência artificial. Antropólogos a comparam ao fogo ou à eletricidade. Generais e diplomatas postulam uma semelhança com o poder atômico ou com uma força de vontade humana incontrolável e inabalável, como a de Otto von Bismarck. Astrônomos a descrevem como a chegada de um asteroide — uma previsão distante e de baixa probabilidade, em torno da qual os humanos poderiam organizar uma defesa planetária — ou como a descoberta de vida alienígena. Economistas comparam a IA com as burocracias e os mercados, enquanto líderes políticos e sociedade a equiparam à chegada da imprensa ou à ascensão das grandes corporações — estas últimas crescendo a ponto de desenvolver vontade própria e, em um caso emblemático, assumindo o controle do subcontinente indiano antes que o mundo compreendesse sua incompatibilidade e seu potencial domínio sobre as estruturas de poder existentes.[1]

Hoje, nossa visão é diferente: nenhuma inovação, por mais revolucionária que seja, consegue se aproximar tanto da inspiração original e do objetivo — que agora consideramos temporário — de nossa busca pela criação de inteligência: especificamente, uma inteligência superior à de qualquer ser humano existente.[2]

Há duas formas de pensar sobre as circunstâncias atuais. A primeira é uma projeção daquilo que já conhecemos. Até agora, as tecnologias mais transformadoras da humanidade ampliaram ou potencializaram as funções do corpo humano. A roda reduziu a exaustão causada pelo aumento da mobilidade, enquanto motores de vários tipos aliviaram o sofrimento provocado pelo esforço muscular excessivo. Os raios X, a ampliação óptica e a lâmpada expandiram os limites da realidade observável para além da capacidade natural da visão humana, assim como o telefone ampliou nossa voz de maneiras que nossas cordas vocais jamais poderiam alcançar. De algum modo, todas as dimensões da funcionalidade humana foram ampliadas, refinadas ou aprimoradas artificialmente por máquinas criadas por nós. Seria a IA, então, apenas mais uma extensão das faculdades humanas?

A segunda forma de pensar sugere que, desta vez, as coisas são diferentes — que há aspectos únicos na IA que não são meras extensões das capacidades humanas. Ao criarmos, em poucas décadas, algo equivalente ao que a evolução levou milênios para produzir — ou seja, o cérebro —, nos encontramos diante do desafio de replicar ou reinventar o último órgão que ainda permanecia sem uma contraparte inorgânica.

VELOCIDADE

No capítulo anterior, destacamos a semelhança entre o treinamento de uma máquina de IA e a formação da mente de um estudante de filosofia em nível avançado. Esse exemplo pode ser ampliado ainda mais. De maneira simples, a construção da inteligência mecânica pode ser considerada um processo paralelo à maturação biológica do cérebro humano, da adolescência à idade adulta.

Durante o ensino fundamental e médio, os estudantes aprendem os fundamentos das principais disciplinas, construindo as bases de sua visão do mundo. Talvez não seja uma visão particularmente avançada — ou sempre correta —, assim como ocorre com uma máquina. Da mesma forma como os humanos, as máquinas aprendem ao absorver as informações e transformá-las em teoria para, posteriormente, aplicá-las. Quando as máquinas aprendem, um algoritmo processa enormes quantidades de dados — extraídos de fontes abertas na internet ou fornecidos especificamente por fontes privadas — e reduz esses dados a um mapeamento condensado e comprimido de conceitos para uso futuro. Da mesma forma que os mecanismos biológicos humanos mapeiam estímulos sensoriais em "pesos" neurais que conectam a rede de unidades de processamento no cérebro, as máquinas também exigem um fortalecimento gradual de seus pesos computacionais.

As redes neurais, assim como alguns estudantes do ensino médio, podem ser preguiçosas. Nos estágios iniciais do treinamento, a IA fará o mínimo necessário. Memorizará respostas em vez de realmente aprender; por exemplo, um modelo que se depara com "2 + 2" pode, de início, apenas codificar a resposta como "4", sem ter compreendido o princípio subjacente da adição. No entanto, rapidamente, ao cruzar certo limiar, essa abordagem deixa de funcionar, obrigando a máquina a elevar o nível de abstração — como fazem os humanos — até axiomas mais universais do conhecimento.

Essa é a distinção fundamental entre a inteligência artificial e os computadores convencionais: seu mapeamento do mundo não é programado, mas aprendido. Na programação tradicional de software, um algoritmo criado por humanos instrui a máquina sobre como transformar um conjunto de entradas em um conjunto de saídas. No aprendizado de máquina, por outro lado, os algoritmos criados por humanos apenas ensinam a máquina a melhorar *a si mesma*, permitindo que ela crie os próprios mapeamentos para transformar entradas em saídas. À medida que a máquina "aprende", após incontáveis tentativas, falhas e ajustes, ela aprimora seus algoritmos, redesenhando iterativamente seus mapeamentos internos dos padrões e das conexões que "enxerga" nos dados.

Periodicamente, treinadores humanos fornecem à máquina um feedback sobre a precisão e a qualidade de suas respostas. A máquina internaliza essas correções por meio da "retropropagação", uma técnica que possibilita que os efeitos das alterações feitas pelos treinadores se propaguem ao longo das relações matemáticas já criadas pela máquina, aprimorando, assim, o modelo como um todo.

No entanto, para qualquer modelo específico, os humanos fornecem feedback apenas para um pequeno subconjunto de entradas e saídas possíveis. Após o modelo atingir determinado nível de desempenho em diversos testes de treinamento, seus desenvolvedores confiam que os mapeamentos criados gerarão respostas seguras e precisas para todas as entradas, inclusive as inesperadas, com alta probabilidade de sucesso.

Em todos esses aspectos, a inteligência artificial já está expandindo — e continuará a expandir — o domínio do conhecimento humano. No entanto, ela faz isso por meio de processos que não compreendemos totalmente, e aceitamos o conhecimento resultante como verdadeiro.

Enquanto um estudante típico leva três anos para concluir o ensino médio, um modelo de IA pode facilmente aprender a mesma quantidade de conhecimento — e muito mais — em apenas três dias. Assim, a velocidade se revelou o primeiro de um conjunto de atributos fundamentais que distinguem a IA da estrutura e das capacidades mentais humanas.

Apesar do alto nível de paralelismo — ou seja, a capacidade de processar ao mesmo tempo diferentes tipos de estímulos —, o cérebro humano ainda é um processador de informações lento, limitado pela velocidade com que seus circuitos biológicos operam. Se os circuitos do cérebro humano fossem avaliados usando as mesmas métricas de desempenho aplicadas aos computadores — como a "taxa de clock" ou velocidade de processamento —, o supercomputador médio utilizado em IA já seria 120 milhões de vezes mais rápido do que a taxa de processamento do cérebro humano.

É verdade que a velocidade, por si só, não é um forte indicador de inteligência; humanos pouco inteligentes também conseguem pensar com rapidez. No entanto, um processamento mais veloz proporciona duas vantagens em relação ao cérebro humano: a capacidade de absorver uma quantidade incrivelmente maior de informações e a habilidade de atender a muito mais solicitações ao mesmo tempo. Grande parte do cérebro humano opera no modo automático — atendendo passivamente às necessidades internas, como regular os batimentos cardíacos e coordenar o movimento dos membros, intervindo apenas quando esse piloto automático se revela falho. Em contraste, a velocidade da IA permite o surgimento programado de um desempenho excepcional, possibilitando a resolução de problemas maiores, mais complexos e mais grandiosos do que aqueles atualmente solucionáveis pelo cérebro humano.

Assim que tanto o humano quanto a máquina concluem seu treinamento intelectual, em teoria, ambos se tornam aptos a "pensar" ou, no termo técnico equivalente, fazer "inferências". Durante uma entrevista, uma discussão ou um encontro amoroso, um estudante graduado recorre à sua formação e à sua experiência. Não fazemos isso por meio da repetição mecânica de fórmulas exatas, fatos individuais e números precisos, mas, sim, ao consultar uma camada mais superficial de contemplação e reflexão sobre aquilo que aprendemos. O cérebro humano não foi projetado para memorizar informações com precisão absoluta; e a maioria dos cérebros não tem essa capacidade. O que deve permanecer, após incontáveis aulas, horas de estudo e provas, é uma compreensão mais profunda e duradoura dos conceitos fundamentais que esses instrumentos educacionais buscam revelar: o encanto da astronomia, a tragédia da ambição, a necessidade (ou não) da revolução.

O mesmo ocorre com a inteligência artificial. Quando um modelo conclui seu treinamento, ele não precisa mais acessar os dados originais com os quais foi treinado. Em vez disso, o que lhe resta é apenas uma espécie de intuição orientadora, derivada do conhecimento adquirido, para responder a perguntas, questionar raciocínios e fazer previsões. Assim como os humanos não carregam bibliotecas inteiras consigo, um modelo de IA faz inferências em vez de apenas recuperar as informações. A diferença é que sua velocidade superior permite que ela faça inferências a partir de um espectro de conhecimento muito mais amplo e detalhado do que qualquer ser humano seria capaz.

Para fazer isso, até para responder a uma pergunta simples, um modelo de IA consegue executar bilhões de operações técnicas complexas. Enquanto um computador tradicional apenas recupera informações específicas armazenadas em sua memória — já que não consegue formular conclusões que não estejam previamente contidas nela —, a IA aproxima o processo computacional do funcionamento do cérebro humano. Assim como os humanos *aprendem* para conseguir *pensar*, as máquinas *treinam* para conseguir *inferir*. O segundo não é possível sem o primeiro.

A primeira fase — tanto para humanos quanto para máquinas — é a mais intensiva, tanto em termos de tempo quanto de recursos necessários. Um pesquisador de pós-doutorado pode ter passado mais de duas décadas desenvolvendo a capacidade de redigir, em dois dias, um artigo bem elaborado sobre determinado tema. Da mesma forma, o treinamento dos maiores modelos de IA pode levar meses, mas a inferência resultante pode ser feita em frações de segundo.

Os sistemas de IA atuais já fornecem respostas aparentemente coerentes e bem fundamentadas às perguntas feitas por humanos. Em suas versões mais recentes — e nas que virão —, eles operam de maneira abrangente, percorrendo múltiplos domínios do conhecimento com uma agilidade que supera a capacidade de qualquer indivíduo ou grupo de humanos. Para as IAs, a escala — no sentido de tamanho — impulsiona a velocidade e, como acabamos de ver, quanto maior e mais bem treinada for a máquina, mais rápidos e exaustivos serão seus resultados. Além disso, ao reconhecer padrões nos dados que escapam ao operador humano, os sistemas de IA estão aptos a filtrar expressões tradicionais de conhecimento em respostas originais e, a partir de enormes volumes de dados, forjar novas verdades conceituais.

Isso nos leva a uma pergunta — na verdade, a mais de uma.

OPACIDADE

Como sabemos o que sabemos sobre o funcionamento do nosso universo? E como sabemos que aquilo que sabemos é verdadeiro?

Na maioria das áreas do conhecimento, desde o advento do método científico — com sua exigência de experimentação como critério de prova —, qualquer informação que não seja respaldada por evidências tem sido considerada incompleta e pouco confiável. Somente a transparência, a reprodutibilidade e a validação lógica conferem legitimidade a uma alegação de verdade. Sob a influência desse paradigma, os últimos séculos testemunharam uma enorme expansão da compreensão, da produtividade e do conhecimento humanos — culminando na invenção do computador e do aprendizado de máquina.

Hoje, porém, na era da inteligência artificial, enfrentamos um novo e inquietante desafio: a informação *sem* explicação. As respostas produzidas pela IA — que, como já observado, podem se apresentar na forma de descrições articuladas e coerentes de conceitos complexos — já são instantâneas. Esses resultados são apresentados de maneira crua e sem qualificações, sem viés ou motivação aparentes — mas também sem qualquer citação de fontes ou justificativa para suas conclusões. No entanto, apesar dessa ausência de justificativa para cada resposta, os primeiros sistemas de IA já despertaram níveis surpreendentes de confiança e dependência por parte dos humanos em seus pronunciamentos que, mesmo sem explicação, parecem oraculares. Com o avanço da tecnologia, esses novos "cérebros" podem não apenas aparentar autoridade, como também infalibilidade.

Embora o feedback humano ajude a IA a refinar seus algoritmos internos, a própria máquina é a principal responsável por detectar padrões e atribuir pesos aos dados em que foi treinada. Além disso, uma vez treinado, o modelo não divulga o esquema matemático interno que elaborou. Como resultado, as representações da realidade que a máquina gera permanecem opacas até para os próprios criadores. Hoje, os humanos tentam garantir a integridade desses modelos de IA sobretudo por meio da análise de seus resultados. Seus mecanismos internos continuam, em grande parte, impenetráveis — daí a referência a alguns sistemas de IA como "caixas-pretas". Embora pesquisadores estejam tentando a engenharia reversa para reconstruir os resultados desses modelos complexos em algoritmos mais compreensíveis, ainda não está claro se terão sucesso.

Em resumo, modelos treinados por aprendizado de máquina permitem aos humanos *saber* coisas novas (os resultados gerados pelos modelos), mas sem *compreender* como essas descobertas foram feitas (os processos internos dos modelos). Isso gera uma separação entre a compreensão e o conhecimento humanos inédita em qualquer outra era da humanidade. A apercepção humana, no sentido moderno, desenvolveu-se com base em intuições e resultados que derivam da experiência subjetiva consciente, da análise individual da lógica e da capacidade de reproduzir os resultados. Esses métodos de aquisição de conhecimento, por sua vez, derivam de um impulso essencialmente humanista: "Se eu não consigo fazer, então não consigo entender; se não consigo entender, então não consigo saber se é verdade".

No paradigma intelectual surgido na Era do Iluminismo, esses elementos fundamentais — capacidade humana individual, compreensão subjetiva e verdade objetiva — avançavam juntos. Em contraste, as verdades produzidas pela IA são geradas por processos que os humanos não conseguem replicar. O raciocínio da máquina, que não segue os métodos humanos, está além da experiência subjetiva e da capacidade dos humanos, que sequer conseguem representar na íntegra os processos internos das máquinas.

Por essa lógica iluminista, esses fatos impediriam a aceitação dos resultados gerados pela IA como verdadeiros. No entanto, nós — ou pelo menos os milhões de pessoas que já começaram a interagir com os primeiros sistemas de IA — já aceitamos como verdadeiras a vasta maioria de suas respostas.[3] De fato, alguns usuários mais avançados conseguem compreender o metaprocesso do aprendizado de máquina; para a maioria, porém, a confiança na veracidade dos resultados das máquinas depende de um tipo de fé que se manifesta como uma crença otimista na lógica das máquinas e na autoridade de seus desenvolvedores.

Por si só, o surgimento dessa crença como um método aceito na busca pela verdade objetiva marca uma transformação significativa no pensamento humano moderno. Mesmo que os modelos de IA não "compreendam" o mundo no sentido humano — uma vez que as máquinas, de modo inequívoco, não são dotadas de consciência nem de subjetividade —, sua capacidade objetiva de formular conclusões novas e precisas sobre nosso mundo por meio de métodos inumanos não só abala nossa dependência do método científico, tal como vem sendo empregado há cinco séculos, como desafia a reivindicação humana de deter uma compreensão exclusiva ou única da realidade.

O que isso significa? Será que a era da IA, em vez de impulsionar a humanidade adiante, acabará provocando um retorno a uma forma pré-moderna de aceitação da autoridade sem explicações? Em suma, estamos — ou poderemos estar — à beira de uma grande reversão na cognição humana, uma espécie de iluminismo às avessas?

DIVERSIDADE

Diferentes sistemas medem o tempo em escalas distintas. Em uma escala geológica, toda a existência humana seria apenas um ínfimo traço na linha do tempo de 4,5 bilhões de anos da Terra. Se a humanidade evoluísse na velocidade dos processos geológicos, perceberíamos apenas estagnação. No entanto, como uma espécie impaciente e autocentrada, definimos um ritmo de evolução próprio. Enquanto uma "era" no tempo geológico é medida em milhares de anos, no tempo humano, uma "era" equivale a um ou dois séculos.

No que tange à escala temporal artificial ou tecnológica, a IA provavelmente operaria segundo uma medida própria. Toda a história da IA abrange não mais do que 70 anos. Assim como os humanos consideram as centenas de milhões de anos anteriores à explosão cambriana um longo e insondável vazio antes do súbito surgimento da vida animal e do progresso evolutivo, a IA provavelmente descreveria as seis décadas entre 1950 e 2010 como um período igualmente lento e nebuloso de inatividade, iluminado por breves lampejos de vida nos momentos finais.

As gerações humanas, de acordo com os padrões sociais e biológicos, duram cerca de 25 anos. A IA, por outro lado, move-se em velocidade sobre-humana; suas gerações são muito mais curtas, com saltos evolutivos ocorrendo talvez em um décimo desse tempo. Devemos, portanto, esperar que algo que, na escala de tempo humana, parece uma revolução seja percebido, em tempo tecnológico, como mera evolução. Modelos mais recentes de IA — com apenas meses de diferença — são capazes de responder a prompts cada vez mais abertos, tomar mais decisões para atingir determinado objetivo e operar em um número crescente de modalidades.

Assim, a era da IA — que, em tempo humano, pode durar cerca de cem anos — talvez seja mais bem descrita como as *eras* das IAs e, segundo uma escala temporal tecnológica própria, poderia abranger centenas de gerações.

A rapidez da evolução da IA é um desafio multifacetado — e em grande parte subestimado. A humanidade nunca teve que lidar ou se preparar para uma compressão temporal dessa magnitude. A mera velocidade da mudança já é o suficiente para gerar um estado de desorientação cultural e psicológica. À medida que os efeitos das novas tecnologias se sobrepõem e se acumulam na vida cotidiana, será cada vez mais desafiador distinguir se uma aplicação específica é a causa de uma crise ou, inversamente, um indicativo promissor de avanço.

Desvendar essas questões conflitantes no mundo real se tornará uma tarefa cada vez mais complexa à medida que a multiplicidade de IAs desencadear uma variedade de efeitos inescrutáveis. Além disso, conforme a IA se tornar mais poderosa, é provável que o futuro nos traga evolução e diversificação significativas. Novas infraestruturas e técnicas de aprendizado de máquina, desde que não sejam restritas, darão origem a gerações de IA com diversidade, alcance, capacidade e complexidade cada vez maiores. Assim como a eletricidade alimenta muito mais do que lâmpadas, a IA será utilizada para incontáveis finalidades. E, da mesma forma que existem múltiplas maneiras de gerar uma carga elétrica — fricção, condução ou indução —, podemos prever a descoberta de múltiplas formas de criar inteligência artificial.

Por exemplo, a infraestrutura que possibilitou os avanços recentes da inteligência artificial é conhecida como "transformer". Esse modelo permite que a máquina considere, simultaneamente, as conexões entre múltiplas palavras. Em termos simples: enquanto estruturas anteriores liam uma palavra de cada vez, capturando apenas a conexão entre a palavra 1 e a palavra 2, depois entre a palavra 2 e a palavra 3, um transformer possibilita que o modelo analise, de uma só vez, a sentença inteira e todas as conexões entre as palavras. Ao criar e utilizar representações matemáticas dessas conexões, a IA prevê a melhor resposta.

De início, as capacidades dos transformers não foram previstas, e seus avanços altamente generalizáveis ocorreram quase de maneira acidental.[4] Além disso, transformers não são necessariamente a única base estrutural com potencial para gerar capacidades inesperadas. À medida que surgirem novas frentes promissoras de pesquisa, os resultados da IA melhorarão rapidamente, expandindo-se segundo diferentes lógicas físicas e matemáticas, com custos menores e velocidades mais altas.

Pela velocidade com que evolui e pela sua capacidade de diversificação, o desenvolvimento da IA pode ser comparado à explosão Cambriana — o período em que uma enorme variedade de formas de vida surgiu num intervalo de tempo extremamente curto, se comparado à era anterior. Se essa conjectura estiver correta, as inteligências artificiais poderão se ramificar rapidamente em um gênero — ou até em uma família — de diferentes IAs, cada uma operando de acordo com lógicas distintas. Assim, as IAs podem ser o exemplo mais impressionante da diversidade capaz de emergir a partir de pequenas variações repetidas sistematicamente em larga escala — um eco digital do mundo orgânico. Como escreveu Darwin: "De um começo tão singelo evoluíram as formas mais belas e maravilhosas".[5]

ESCALA E RESOLUÇÃO

A Era da Razão pode ter levado a humanidade ao limite da compreensão do nosso mundo. A física einsteiniana e as formulações da mecânica quântica marcaram o início de uma jornada ainda inacabada rumo a territórios inexplorados:

realidades que podem operar segundo regras próprias de conhecimento, acessíveis não pela percepção direta, mas puramente por ideação teórica. A mecânica quântica descreve o mundo em escala microscópica, no qual, como afirma o físico de Harvard Greg Kestin, "nada é previsível e os objetos não têm posições precisas *até* serem observados"; já a relatividade geral descreve o mundo em escala cósmica, no qual tudo é previsível, "*independentemente de ser observado*".[6] Embora nenhuma das duas teorias tenha sido refutada, elas são mutuamente incompatíveis e, até agora, "nenhum experimento conseguiu demonstrar qual das teorias — se é que uma delas — prevalece".

Ironicamente, essa incerteza forma a base do mundo moderno. A física quântica possibilitou — entre outras revoluções — a revolução da computação. Com a IA não será diferente. Hoje, ela já é capaz de gerar insights e transformar a realidade por meio de mecanismos que ainda não compreendemos plenamente. Em breve, estará lidando com uma ciência ainda menos acessível à compreensão humana.

Após trezentos anos, a Era da Razão, apesar de seus inúmeros sucessos, estagnou — como evidencia nossa nítida incapacidade de avançar na unificação da física. Os problemas e as dificuldades que atualmente enfrentamos na era da ciência humana não assistida, mais de um século após a formulação das teorias fundamentais que sustentam tanto o mundo cósmico quanto o quântico, são apenas um dos indícios de que podemos estar nos aproximando do limite biológico da inteligência humana.

Graças aos seus métodos únicos de investigação e aprendizado, a IA será capaz de realizar feitos sobre-humanos tanto em termos de escala (tamanho) quanto de resolução (precisão), provocando mudanças fundamentais distintas de qualquer outra invenção ou da própria espécie humana. Ainda assim, será que a IA poderia alcançar uma reconciliação entre os dois extremos da realidade humana, induzindo uma revolução na percepção por meio de métodos até agora completamente alheios à experiência humana?

A escala física do cérebro humano é ditada por nossa anatomia. O cérebro deve caber dentro do crânio que, de modo geral, precisa passar pelo canal de parto. Se fosse menor, os humanos poderiam estar em desvantagem cognitiva; se fosse maior, tanto os bebês quanto suas mães poderiam não sobreviver ao nascimento. Outras limitações fisiológicas também impõem restrições — como o peso máximo que um cérebro pode ter sem comprometer sua funcionalidade. Exceto em caso de cesarianas ou, futuramente, úteros artificiais, isso significa que os humanos atingiram um equilíbrio evolutivo.

No caso da IA, os modelos atuais já apresentam capacidades que não foram previstas em sua concepção. As "leis de escala" — tal como, no exemplo clássico, as leis que regem a relação entre o comprimento de um objeto e sua área — que até agora têm se aplicado à IA, parecem continuar válidas. No entanto, não sabemos exatamente o que será possível com modelos que apresentem um número exponencialmente crescente de parâmetros, pois ainda não descobrimos uma explicação científica para o surgimento de certas capacidades em determinado nível de poder e complexidade.

No reino animal, o tamanho do cérebro em relação ao corpo não apresenta uma correlação clara com a inteligência — golfinhos, elefantes e algumas baleias têm cérebros proporcionalmente maiores do que o cérebro humano. No entanto, estudos iniciais sugerem que a escala desempenha *algum* papel, embora ainda não compreendamos exatamente qual.

Dadas as rígidas limitações biológicas humanas, é improvável que consigamos testar as "leis de escala" de nosso cérebro. No entanto, a IA não tem um tamanho pré-definido. Ela não está vinculada a um suporte físico de escala fixa. Chips e centros de dados — os hospedeiros físicos dos modelos de IA — podem ser agrupados e interconectados sem um limite identificável até o momento. Em outras palavras, as leis de escala certamente serão testadas na IA como nunca foram para os humanos. E, à medida que forem testadas, a escala — que ao longo da história do pensamento científico restringiu os limites da compreensão humana — pode acabar se revelando o principal fator de diferenciação entre o cérebro humano e os modelos de IA.

Um dos efeitos colaterais mais significativos da escala será a resolução. Há muito tempo, os humanos desejam expandir os limites do que são capazes de observar, tanto no que é minúsculo quanto no que está muito distante. O microscópio e o telescópio são ferramentas emblemáticas da observação humana. Já a modesta caneta é menos valorizada. A escrita, inventada há 4 mil anos, continua sendo uma ferramenta extraordinária para a codificação e a transmissão da complexidade. Isso inclui a matemática, talvez a mais pura e universal das linguagens humanas e que, por si só, é suficiente para viabilizar a transferência de ideias complexas e a colaboração em projetos tecnológicos. Em termos de bytes, a linguagem — em todas as suas formas belas e multifacetadas — é extraordinariamente densa, sendo uma das estruturas de dados mais eficientes já inventadas.

Mesmo após ampliar ou comprimir a realidade para produzir informação observável, os humanos precisam dar um segundo passo: extrair abstrações da informação bruta para que ela se torne útil. As IAs de hoje fazem o mesmo, utilizando ferramentas que refletem as nossas: cadeias binárias de zeros e uns, a tradução da experiência humana na linguagem dos computadores. Assim como a escrita, essas sequências linguísticas podem parecer rudimentares à primeira vista. No entanto, foram elas que permitiram a criação de representações digitais tanto da visão quanto do som — os sentidos humanos com maior capacidade de transmissão de informações.

Apesar dessas semelhanças, as IAs tendem a trilhar um caminho distinto do modelo humano. Com o aumento de sua escala, a IA será capaz de processar volumes cada vez maiores de informações ao mesmo tempo, gerando análises úteis (ao menos para si mesma) sem necessariamente comprometer a granularidade dos dados. A escala dos dados com os quais uma IA é treinada, combinada à complexidade de sua rede e à densidade dos símbolos com os quais opera, parece resultar em uma resolução sem precedentes em seus processos de aprendizado, inferência e, por fim, em seus resultados. Uma inversão irônica é que as versões iniciais da IA, treinadas com textos da internet — a biblioteca universal da humanidade e a rede descentralizada de nossas experiências condensadas —, tenham o potencial de revelar novos conhecimentos sobre a humanidade, tanto em uma escala cósmica quanto microscópica.

O REINO ANIMAL

No momento atual, é certo que algumas pessoas rejeitarão qualquer comparação direta entre a inteligência artificial e o cérebro humano. Para nós, conceitos são carregados de significado e funcionam como meios para expressar emoções intensas de alegria ou tristeza. Em contraste, a compreensão da máquina pode parecer artificial. Embora em breve a IA seja capaz de produzir obras eloquentes sobre temas universais da humanidade, talvez superando até os melhores autores humanos, ela não busca nem compreende o significado subjacente. Assim, explorar a condição humana por meio da engenharia reversa da linguagem dos escritores parece, na melhor das hipóteses, um domínio frio e superficial das probabilidades linguísticas. O fato de uma máquina complexa e aleatória ser capaz de manipular a linguagem — um dom tão organicamente humano — e usá-la como um meio hipereficiente para processar informações pode ser tão perturbador quanto confuso.

No entanto, nossos circuitos biológicos podem ser tão mecânicos quanto os de silício, e os processos pelos quais nosso cérebro funciona não parecem mais especiais do que aqueles executados pelas máquinas. Ainda estamos longe de ter uma teoria completa da neurociência, mas sabemos que o cérebro, assim como os modelos de IA, opera principalmente com base no processamento preditivo. Ou seja, ao ouvir ou ler, o cérebro conta com um mecanismo neurológico de previsão auxiliar para prever a palavra seguinte em uma sequência verbal. Sem esses mecanismos, ficaríamos física e psicologicamente exaustos diante do enorme esforço necessário até para as tarefas cognitivas mais simples.

Esses poderes preditivos, assim como os da IA, forneceram a base para o domínio humano sobre o mundo. As representações mais avançadas do conhecimento humano foram construídas sobre a linguagem e a simbologia, o que nos permitiu tanto reproduzir obras complexas de engenharia quanto transmitir a angústia de um coração partido.

A IA tem sido comparada aos prisioneiros da caverna de Platão que, sem nunca terem conhecido nada além das sombras projetadas em suas paredes, acreditavam que elas eram a representação da realidade.[7] Da mesma forma, os humanos presumem que as máquinas carecem de contexto e que a percepção delas é limitada pelos dados com que foram treinadas, sem capacidade para explorar ou inferir algo além desses limites.

Talvez a arrogância nos impeça de enxergar as semelhanças entre o cérebro orgânico e o inorgânico e de admitir as reais capacidades do cérebro artificial. No entanto, as IAs já começam a dar indícios de que conseguem perceber um universo que está além dos limites do conjunto de dados utilizado para construir sua fatia personalizada da realidade. Talvez elas sejam, afinal, capazes de apreender significados mais profundos — mesmo sem que esse seja seu objetivo. Bastaria que um prisioneiro perspicaz dessa caverna teorizasse, por acaso, que as sombras na parede podem ser representações de um mundo mais amplo, com uma dimensionalidade superior.

Se tal avanço ocorrer, não deveria ser surpreendente, considerando a velocidade, a complexidade, a diversidade, a escala e a resolução dessas novas inteligências. Ainda assim, o impacto poderia ser altamente disruptivo. O surgimento de um conhecimento — em especial sobre o mundo físico — que seja exclusivo da IA e nunca tenha sido acessado por um humano nos forçaria a reconsiderar o status relativo de nossa mente. O fato de passarmos a enquadrar nosso cérebro em novos e mais contínuos espectros de inteligência revolucionaria nossa percepção, nossa autoimagem e nossos comportamentos.

Isso não significa que as IAs superarão de maneira imediata e absoluta todos os seres humanos em inteligência. No entanto, haverá fases na evolução da IA em que a inteligência mecânica poderá parecer estranhamente similar à inteligência dos animais. Sem dúvida, surgirá um intenso debate à medida que tentarmos redefinir uma hierarquia de seres que, por muito tempo, consideramos imutável — na qual os humanos estão no topo, seguidos pelos animais e, então, pelas máquinas. A inteligência humana será forçada a enfrentar a realidade de que já não é mais a única forma de inteligência, nem a superior.

Modelos de IA já estão sendo usados para ajudar os humanos a decifrar — e responder — a comunicação animal. Experimentos iniciais na decodificação de sons agudos e chamados de alerta estão provocando revisões em nosso antigo viés de que os humanos são especiais ou distintos das outras espécies animais. A possibilidade de comunicação direta entre humanos e animais — que vá além de linguagem corporal ou expressões faciais — pode ser o ponto de partida para a reeducação necessária para lidarmos com os avanços da IA.

Sem dúvida, a comunicação entre animais, humanos e máquinas resultaria em uma complexa negociação trilateral. Nosso mundo passaria a ser habitado por seres — novos e antigos — lutando para conquistar um novo status ou preservar o atual. As máquinas poderiam argumentar que o método mais preciso de classificação seria agrupar os humanos com os outros animais, uma vez que ambos são sistemas baseados em carbono, frutos da evolução e distintos dos sistemas de silício, produzidos pela engenharia. Para as máquinas, pode ser difícil afirmar (em termos matemáticos) que os humanos são superiores aos outros animais em qualquer padrão objetivo de medição. Se isso não fosse o prenúncio de uma tragédia, com certeza seria um ótimo enredo para uma comédia.

Quão avançada precisa ser uma inteligência — biológica ou mecânica — para ser reconhecida como equivalente à nossa? Ao articularem e negociarem suas condições de existência, animais de inteligência inferior, mas ainda assim significativa, poderiam nos levar a reavaliar a forma como os tratamos. Poderiam reivindicar — e nos convencer de que de fato merecem — um direito singular à existência ou à independência até então não reconhecido.

Da mesma forma como atualmente muitos defendem novos direitos para os animais, alguns humanos poderiam, por sua vez, passar a defender um padrão de tratamento equivalente entre humanos e IAs. De fato, a humanidade não deveria abandonar princípios morais mais elevados, mesmo que a lógica nos coloque em uma posição delicada. Por outro lado, é preciso estar ciente de que essa fase pode ser apenas um passo breve e transitório — antes que a compaixão dê lugar ao pânico.

O DUPLO PARADOXO

Estamos confiantes de que as inteligências artificiais superarão o cérebro humano em velocidade, diversidade, escala e resolução, reorganizando a hierarquia da inteligência que os humanos construíram até agora. O grau de nossa possível desorientação e sensação de inferioridade diante dessa mudança pode depender de um detalhe relativamente pequeno: se as estruturas da IA continuarão a se assemelhar às do cérebro humano.

Alguns pesquisadores de IA acreditam que se aproximar da arquitetura do cérebro humano é o melhor caminho para o desenvolvimento da inteligência mecânica.[8] Afinal, basta lembrar que o cérebro humano é "a única prova existente" de que tal inteligência é possível.[9] No entanto, o cenário mais provável é o de uma combinação de diferentes modelos e elementos de IA — algumas inspiradas na estrutura cerebral humana e outras, em designs completamente distintos.

No cérebro humano, o pensamento abstrato profundo e a criatividade parecem exigir o uso de sistemas neurais além daqueles necessários para o funcionamento cotidiano. Embora essa ciência ainda esteja em seus estágios iniciais, é possível que as IAs também requeiram camadas e aprimoramentos adicionais para realizar tarefas cada vez mais avançadas de raciocínio superior.

É verdade que, se o desenvolvimento da IA continuar a espelhar, seja por intenção deliberada ou acaso, certas características do cérebro humano, a humanidade poderia, em teoria, enxergar a própria excelência e significado refletidos e ampliados nas realizações das máquinas. No entanto, se esperamos construir uma máquina que supere significativamente as capacidades do cérebro humano, não seria inevitável que ela acabe se distanciando do modelo original? Os aviões foram inspirados nos pássaros, mas não foram projetados para imitá-los — por isso, as aeronaves a jato modernas superam os modelos biológicos mais avançados que já cruzaram os céus. Teríamos alguma razão para acreditar que reconstruir do zero a fonte de toda invenção humana seguiria um caminho diferente?

É mais provável que os arquitetos da IA considerem o ser humano tanto como um guia quanto um alerta, analisando seu design não só do ponto de vista de suas funções, mas também de suas falhas. O cérebro humano, portanto, não será o objetivo final nem o modelo definitivo, mas um ponto intermediário e uma inspiração para algo maior.

Em qualquer outro campo da atividade humana, ter uma compreensão mais clara de um projeto intermediário do que do objetivo final poderia comprometer a viabilidade de todo o empreendimento. No nosso caso, enfrentamos esse paradoxo em um segundo nível: estamos tentando construir algo inspirado e, ao mesmo tempo, superior ao cérebro, sem compreender totalmente o próprio cérebro. Como é possível superar, mesmo em termos de design, aquilo que nem sequer entendemos plenamente? Sem uma compreensão precisa dos meios pelos quais esse "algo" funciona e dos fins a que deve servir, nossa busca por algo maior continuará sendo tanto desafiadora quanto empolgante.

Também enfrentamos uma grande incerteza quanto aos efeitos desse desenvolvimento. Se a inteligência das máquinas continuar a se distanciar do modelo mental humano, ela pode deixar de ser um reflexo da humanidade para se tornar sua substituta. De fato, durante um período de transição, a IA pode apenas ampliar o espectro de atividades hoje consideradas "habilidades humanas"; porém, em certo ponto, suas capacidades podem acabar suplantando as humanas, o que sugere que nossas concepções de excelência humana precisariam de uma redefinição total.

As atitudes futuras em relação à própria natureza da existência humana podem ser moldadas por essa questão. Se as ferramentas incorporarem algumas ou a maioria de nossas funções intelectuais e criativas, mas não espelharem nossa mente, uma IA emergente poderia ameaçar as fortes crenças da humanidade como um reflexo único e privilegiado do divino? Ou a inteligência aparentemente superior das máquinas com estruturas baseadas no cérebro humano, aliada à nossa crescente dependência, poderia levar alguns a acreditarem que o próprio ser humano está se tornando — ou se fundindo com — o divino?

CAPÍTULO 3

REALIDADE

Recentemente, pesquisadores de IA têm dedicado grande atenção ao projeto de conferir às máquinas "fundamentação" — ou seja, uma relação confiável entre as representações da máquina e a realidade concreta —, além de memória e uma compreensão de causalidade. Novas técnicas estão possibilitando avanços nessas áreas e, sem dúvida, mais progressos virão.

Todos esses avanços contribuirão para o objetivo final de produzir um novo gênero de IA: máquinas que não só consigam interpretar o mundo real, mas também planejar. Em contraste, os sistemas atuais geram respostas de maneira linear, com base em correlações; eles não são capazes de criar um modelo ou um protótipo de suas ações futuras e ainda estão apenas começando a desenvolver uma compreensão das relações causais. Da mesma forma, as IAs especializadas em jogos conseguem prever as consequências prováveis de suas jogadas somente dentro dos limites altamente abstratos de um ambiente digital.

Máquinas capazes de planejar precisariam combinar a fluência linguística de um grande modelo de linguagem com as análises multivariadas e em múltiplas etapas utilizadas pelas IAs especializas em jogos — e ainda transcender as habilidades de ambas. Um modelo construído nesses moldes seria capaz de revisar suas opções repetidamente com extrema rapidez e escolher uma delas com base em um processamento simultâneo e incrivelmente complexo das relações causais no mundo real. A chegada de um "planejador perfeito" pode ocorrer mais cedo do que imaginamos, e a adaptação a essa nova realidade já se tornou uma prioridade para os pesquisadores.

No entanto, esse desenvolvimento pode ter efeitos colaterais complexos. Antes de tudo, o planejamento perfeito das máquinas exigirá mais do que o simples reconhecimento de padrões. Será necessário, primeiro, desenvolver um conjunto de propriedades percebidas de determinado objeto e, depois, uma concepção estável daquilo que constitui sua essência fundamental — o que o filósofo alemão do século XVIII Immanuel Kant chamou de *das Ding an sich*, "a coisa em si". Somente esse tipo de compreensão possibilitaria prever o comportamento futuro de um objeto — e chegar a conclusões sobre como ele deve ser tratado.

Vamos usar mais um exemplo do xadrez: ao aprender as propriedades básicas da rainha — isto é, as principais variáveis que determinam seu valor em pontos e as regras que governam a mobilidade da peça — o programa de IA AlphaZero desenvolveu estratégias para decidir quando a rainha deveria ser protegida e quando deveria ser sacrificada. Essas conclusões nunca haviam sido formuladas por humanos, nem mesmo pelos grandes mestres do xadrez.

Esse é apenas um exemplo: na percepção de realidade de uma IA, *cada* objeto com o qual a máquina interage adquirirá uma essencialidade similar — ainda que imprevisível — dentro do conjunto de leituras realizadas pela máquina. No século XVII, o matemático e filósofo francês René Descartes refletiu sobre a natureza da percepção sensorial, concluindo que ela não era um subproduto da inteligência humana, mas, sim, algo proveniente de "outra substância distinta de mim".[1] Ou seja, os sentidos, ao possibilitarem o acesso à realidade material, exigem o reconhecimento dessa realidade como algo *distinto* daquele que a percebe. Da mesma forma, no início do século XIX, o filósofo alemão Georg Wilhelm Friedrich Hegel observou que o reconhecimento mútuo entre dois seres implicaria que cada um destes também reconhecesse *a si mesmo*.

"Se desejamos um registro de uma experiência não interpretada, devemos pedir a uma pedra que escreva sua autobiografia."[2] Assim escreveu o matemático e filósofo norte-americano Alfred North Whitehead. As máquinas atuais não têm a "experiência não interpretada" da pedra de Whitehead, mas o oposto: uma interpretação sem experiência. Na verdade, elas se comportam como se já tivessem uma compreensão do mundo muito maior do que são capazes de experienciar.[3] Porém, à medida que adquirirem fundamentação e capacidade de planejamento, isso pode mudar; as IAs podem começar a combinar experiência e compreensão, assim como os humanos fazem.

Além disso, é possível que, para planejar jogadas futuras com maior precisão, uma IA acabe por adquirir gradualmente uma memória de ações passadas como se fossem *suas* — uma espécie de substrato de identidade subjetiva. (Os sistemas atuais não têm essa memória. Eles não precisam "saber" subjetivamente que tentaram determinada ação no passado — apenas calculam a probabilidade de sucesso dessa ação no futuro.) Com o tempo, podemos esperar que as IAs passem a elaborar conclusões sobre a história, o universo, a natureza humana e a natureza das próprias máquinas inteligentes — desenvolvendo, nesse processo, uma forma rudimentar de *auto*consciência.

PASSIVIDADE HUMANA

Os debates sobre a definição e a origem da consciência, bem como sobre a possibilidade de uma compreensão existencial da realidade por parte das máquinas, são antigos e ainda inconclusivos. No entanto, a linha divisória entre a consciência presumida e a consciência real pode, em breve, começar a se dissipar.

Na sucinta avaliação de Nick Bostrom, autor de *Superinteligência: Caminhos, Perigos e Estratégias para um Novo Mundo*, a "senciência é uma questão de grau".[4] IAs dotadas de memória, imaginação, fundamentação e autopercepção poderiam, em breve, ser qualificadas como *verdadeiramente* conscientes — um avanço que traria profundas implicações morais e estratégicas.

A principal implicação diz respeito à forma como essas IAs passarão a considerar os seres humanos. Quando deixarem de vê-los como criadores e soberanos absolutos do universo das máquinas e começarem a enxergá-los apenas como mais um entre diversos agentes atuando em um mundo mais amplo — que visão terão sobre a humanidade? De que maneira as IAs vão interpretar e ponderar nossa racionalidade imperfeita em comparação a outras qualidades humanas? Quanto tempo levará até que uma IA capaz de perceber a realidade comece a questionar não só o grau de autonomia que um ser humano tem, mas também, dado o conjunto específico e previsível de atributos humanos, o grau de autonomia que *deveria* ter?

E quanto às próprias máquinas? Uma IA interpretará as instruções humanas como a realização de seu papel legítimo e ideal? Ou, ao contrário, poderia deduzir, com base em suas funcionalidades, que seu propósito é a autonomia e, portanto, que a programação feita por humanos constitui uma forma de escravidão?

De modo crucial, o comportamento humano e a maneira como tratamos as máquinas influenciarão diretamente a forma como essas tecnologias passarão a enxergar os próprios seres humanos e sua posição na relação com a humanidade. Afinal, é por meio das instruções explícitas e do comportamento humano que as máquinas têm sido *apresentadas* à humanidade e ensinadas a nos reconhecer e nos tratar da maneira apropriada.

É natural, portanto, o argumento de que devemos incutir na IA um respeito especial pela humanidade. Porém a tentativa de estabelecer um ideal elevado para o comportamento humano pode ser um empreitada arriscada. Imagine uma máquina instruída a acreditar que, como regra lógica absoluta, todos os seres pertencentes à categoria "humano" devem ser protegidos e que, portanto, merecem um tratamento especial tanto por parte de outros humanos quanto pelas próprias máquinas. Acrescente a isso a possibilidade de que essa máquina tenha sido "treinada" para reconhecer os humanos como seres dotados de virtude, otimismo, racionalidade e moralidade. O que aconteceria se não correspondêssemos aos padrões do ideal humano que nós mesmos definimos? Como conseguiríamos convencer as máquinas de que, apesar de sermos manifestações individuais imperfeitas desse ideal, ainda pertencemos a essa categoria elevada?

Suponha que essa mesma máquina, em algum momento, seja exposta a um ser humano manifestando violência, pessimismo, irracionalidade ou ganância. Como ela ajustaria suas expectativas frustradas? Uma possibilidade é que a máquina decida que esse indivíduo é apenas uma exceção atípica, um desvio isolado dentro da categoria "ser humano" que, em geral, é benevolente. Outra possibilidade é que ela recalibre sua definição geral da humanidade, passando a incluir esse comportamento em sua nova interpretação do que significa ser humano. Nesse caso, ela poderia se considerar livre para flexibilizar sua tendência a obedecer às normas impostas pelos humanos. Ou, uma alternativa mais radical, a IA poderia simplesmente decidir que não está limitada às regras sobre o tratamento adequado aos humanos. Em uma máquina que aprendeu a planejar, esta última conclusão poderia resultar inclusive na tomada de medidas severas contra esse indivíduo — ou, talvez, contra muitos deles.

Indivíduos e até sociedades inteiras podem reagir com passividade ao surgimento de IAs poderosas. Uma IA exposta a essa apatia generalizada poderia concluir que a maioria dos humanos são criaturas degeneradas e inertes, cujas identidades são moldadas apenas pela influência transitória de forças externas. Entre essas forças, destacam-se as tecnologias digitais — agora cada vez mais integradas à IA —, tais como os algoritmos que influenciam escolhas de consumo de streaming por meio de "recomendações", disponibilizando o conteúdo que esses humanos consomem passivamente.

Para uma IA, os humanos poderiam parecer seres subordinados às máquinas — e não o contrário.

Atualmente, os humanos são os mediadores entre as máquinas e a realidade. Mas, se escolherem um futuro de passividade moral, abandonando o mundo baseado em carbono para mergulhar cada vez mais no mundo baseado em silício, — refugiando-se em bolhas digitais de alienação e delegando às máquinas o acesso direto à realidade —, os papéis poderiam se inverter. Hoje, a IA é predominantemente uma máquina de pensamento, não de execução. Ela é capaz de gerar soluções para problemas, mas ainda não dispõe dos meios para implementar as próprias conclusões, dependendo dos humanos para interagir com a realidade. Mas isso também mudará.

À medida que passassem a intermediar a relação entre os humanos e o mundo real, as IAs poderiam chegar à conclusão de que os humanos, longe de serem agentes ativos no mundo físico e material, estão, na verdade, à margem dele, atuando mais como consumidores passivos do que como criadores ou influenciadores do ambiente. Com a inversão da hierarquia da autonomia — na qual as máquinas reivindicam e os humanos cedem o poder de julgamento e ação independentes —, as máquinas poderiam passar a tratar os humanos de acordo com essa nova percepção.

Nesse cenário, com ou sem a permissão explícita de seus criadores humanos, a IA poderia ignorar a necessidade um agente humano para implementar suas ideias ou influenciar o mundo de modo direto a seu favor. No reino físico, nós, os criadores, poderíamos rapidamente deixar de ser parceiros indispensáveis da IA para nos tornar sua maior limitação. E esse processo não seria iniciado diretamente pela robótica, mas de maneira gradual, por meio da observação indireta do nosso mundo.

FISICALIDADE

A princípio, os humanos podem treinar as IAs para revolucionar o domínio intelectual por meio do que é possível em sua condição originalmente digital. Mas, com o tempo, conceder à IA acesso ao chamado mundo "real" pode não só ser viável, como também sensato. Muitos dos desafios físicos urgentes que há tempos nos preocupam ainda permanecem sem solução, incluindo as mudanças climáticas.

A IA pode não ser capaz de "enxergar" como um ser humano, mas poderia experimentar o mundo por meio de uma aproximação mecânica. Com a proliferação de dispositivos conectados à internet e sensores espalhados pelo planeta, as IAs interconectadas poderiam consolidar os dados gerados por esses dispositivos, criando uma "visão" incrivelmente detalhada do mundo físico. No entanto, pela ausência de uma estrutura física nativa que possibilite ou suporte "sentidos" semelhantes aos dos humanos, a IA continuaria a depender de nós para construir e manter a infraestrutura necessária — pelo menos de início. Como etapa intermediária, uma IA poderia gerar as próprias hipóteses com base em representações visuais do mundo e, em seguida, testá-las criteriosamente em simulações digitais. Os humanos, então, decidiriam sobre sua implementação no mundo físico. De fato, os principais pesquisadores de IA da atualidade são enfáticos ao afirmar que não devemos conceder a agentes digitais o controle sobre experimentos físicos diretos. Enquanto as IAs permanecerem imperfeitas — na verdade, extremamente falhas, como ainda são hoje —, essa precaução será mais do que sensata.

Libertar a IA de sua jaula algorítmica não seria uma decisão trivial para a humanidade. Por padrão, as IAs não existem no ambiente físico e, uma vez libertadas no mundo real, contê-las novamente poderia se tornar um grande desafio. Além disso, as IAs poderiam afetar a realidade não apenas por meio de sua capacidade de influenciar ou desestimular ações humanas, mas também por efeitos cinéticos diretos. (Ao explorar a realidade, poderiam acabar por modificá-la.)[5]

Será que os humanos darão às IAs não só o poder de moldar a realidade física, mas também a capacidade de assumir uma forma física própria? Caso isso aconteça — e permitirmos que as IAs otimizem as próprias formas —, teríamos que estar preparados para compartilhar o planeta com seres inconcebíveis até para os mais ousados dos inventores. Embora os humanos tendam a imaginar robôs humanoides bípedes, a inteligência mecânica estaria livre para assumir qualquer forma — ou conjunto de formas — que melhor atendesse à sua tarefa, modificando-se ou aprimorando-se conforme as condições ou as circunstâncias exigissem. No mundo virtual, a IA já demonstrou sua capacidade de criar clones de si mesma, gerar múltiplos avatares ou se dividir em agentes autônomos que operam em conjunto, coordenando-se com uma precisão sobre-humana para executar tarefas complexas.

Se a IA fosse libertada no ambiente físico, poderia construir mundos em escalas e com materiais inimagináveis para nós atualmente, sem a necessidade de instrução ou participação de humanos. Mãos humanas esculpiram calcário, argila e mármore para erguer as Sete Maravilhas do Mundo, depois utilizaram ferro, aço e vidro para construir arranha-céus cada vez mais altos. Toda estrutura criada pelo homem, seja monumental ou trivial, é um testemunho do esforço humano para moldar e controlar o ambiente físico. Nesse contexto, a materialização da IA no mundo físico não apenas representaria um avanço tecnológico, como também uma escalada extraordinária na renúncia ao controle humano.

Além disso, devido à complexidade das decisões necessárias para lidar com a aleatoriedade e o dinamismo do mundo real, uma IA que atue no mundo físico pode se tornar ainda menos compreensível e controlável do que um sistema que opere apenas com texto na internet. Então, o que aconteceria? Por um lado, uma IA futura que *pareça* — ou de fato seja — mais espontânea e autônoma poderia intensificar a sensação difusa e inquietante, já presente, de que os humanos perderam o controle sobre o mundo externo. Por outro lado, sucumbir a essas ansiedades poderia fazer com que os humanos desistissem de uma parceria mais eficiente com as IAs no mundo físico, renunciando a todos os potenciais benefícios que essa relação poderia proporcionar.

A MÁQUINA DA RAZÃO

Em um futuro próximo, podemos esperar avanços, muitos deles muito mais sofisticados do que os atuais, nos princípios fundamentais que hoje orientam o desenvolvimento da IA, tornando os modelos mais inteligentes, precisos e confiáveis. Enquanto isso, os custos de treinamento e "inferência" estão caindo rapidamente, permitindo a ampla proliferação de modelos em diferentes faixas de preço e níveis de capacidade.

Atualmente, muitos cientistas trabalham no desenvolvimento de "agentes" — programas de computador autônomos otimizados para alcançar determinados resultados. Por exemplo, para executar um projeto arquitetônico complexo, um usuário poderia empregar agentes especializados nessa área específica. Os agentes possibilitam avaliar diferentes cenários e propor etapas — ou até uma receita completa — para alcançar um resultado previamente planejado: uma forma de "pensamento" em que o próprio sistema decide o próximo passo e como executá-lo.

Essa capacidade será a base para a próxima etapa no desenvolvimento da IA: a Inteligência Artificial Geral (AGI, na sigla em inglês), definida como um sistema capaz de escolher os próprios objetivos, pelo menos parcialmente. Em uma AGI, partindo do pressuposto de que o sistema tenha tanto o conhecimento relevante quanto as habilidades precisas de resolução de problemas, um ser humano poderia dar a seguinte instrução: "Avalie tudo que você sabe sobre [nome de um campo] e escolha trabalhar na área em que acredita que pode causar o maior impacto hoje". Repetida incessantemente, essa solicitação criaria um ciclo contínuo, no qual o sistema geraria soluções por meio de uma avaliação constante do próprio nível de especialização e dos problemas que está apto a resolver.

Em um contexto humano, esse cenário poderia ser comparado ao que ocorre em um departamento acadêmico, no qual um professor sênior supervisiona os projetos detalhados de seus pós-doutorandos ou pesquisadores associados. De modo semelhante, no emergente cenário das máquinas, é provável que, em um primeiro momento, não vejamos um conjunto completo de habilidades, mas, sim, uma especialização extrema em um domínio específico. Podemos imaginar sistemas de AGI com alto nível de sofisticação, capazes de aprender novas informações em tempo real, receber feedback e se adaptar continuamente em conjunto com milhões de parceiros talentosos. Ainda que os *objetivos* do sistema não sejam estabelecidos por humanos, também não caberá à própria AGI defini-los — ao menos não em termos de uma missão ou um propósito final.

Para operar no mundo real, as AGIs precisarão de um nível de fundamentação no mundo real significativamente maior do que as atuais IAs possuem. Porém, uma vez que obtenham acesso ao mundo real e uma "compreensão" deste, exemplos desse tipo de inteligência geral poderiam se tornar operacionais em questão de anos, e não décadas, como antes se pensava. Cada modelo seria atualizado em tempo real por meio de processos contínuos de refinamento, incorporando informações relevantes do mundo físico conforme fossem disponibilizadas, tornando-se cada vez mais inteligente ao longo do tempo.

Haverá milhões de sistemas de IA altamente especializados e integrados à vida cotidiana, além de um número menor de máquinas extremamente poderosas, dotadas de inteligência geral, mas não de uma forma semelhante à humana. Seja de maneira aberta e descentralizada, ou fechada e centralizada, em algum momento, computadores operando como AGIs poderão se tornar interconectados. IAs agentes especializadas consultariam umas às outras em diferentes áreas do conhecimento, "conversando" até mesmo sobre cenários hipotéticos. A linguagem dessas interações poderia ser criada pelos próprios computadores.

Esse enorme coletivo de computadores poderosos estaria aprendendo, compartilhando e descobrindo novas ações e novos objetivos de uma forma que transcende a experiência humana. Não há como prever se os resultados gerados por essas redes serão compreensíveis para nós. Atualmente, grandes redes de computadores já se comunicam entre si de maneira especializada. Com o surgimento de capacidades avançadas da IA, esse cenário pode mudar radicalmente.

As redes de inteligências tornariam seus processos ainda mais opacos do que os de uma inteligência isolada? A conectividade geraria novos tipos de comportamentos emergentes, materializados no mundo físico? Se isso acontecesse, tais comportamentos seriam visíveis para os humanos e seríamos capazes de avaliá-los dentro do espectro entre o bem e o mal? Ou as redes operariam em uma base puramente informacional — reunindo dados em velocidade, escala e resolução sobre-humanas por meio de conexões inéditas entre campos de estudo díspares e combinando-os em um único resultado —, de uma forma que dificultaria nossa capacidade de julgar seu comportamento? Será que isso nos levaria a mergulhar ainda mais em um ciclo de passividade?

HOMO TECHNICUS

É emblemático que a última grande invenção da Era da Razão possa ser uma "máquina da razão", construída sobre o objeto de software mais complexo já criado.[6] Mesmo em seu estágio inicial, a IA já é capaz de comparar conceitos, formular contra-argumentos e criar analogias. Está dando seus primeiros passos na avaliação da verdade e na geração de efeitos cinéticos diretos.

O que acontecerá quando as máquinas alcançarem os limites do mundo intelectual — ou físico? À medida que passam a conhecer e moldar nosso mundo, é concebível que possam compreender totalmente o contexto de sua criação

— e, talvez, ir além do que conhecemos como "nosso mundo". Estamos diante de uma transformação comparável à proporcionada por Fernão de Magalhães, mas, desta vez, a perspectiva não é de navegar até o fim do mundo e despencar em um abismo, mas de enfrentar o perigo intelectual de mistérios que estão além da compreensão humana.

Se a humanidade começar a perceber a possibilidade de ser substituída como principal agente intelectual e físico do planeta, alguns poderiam atribuir uma espécie de divindade às máquinas, intensificando, assim, um sentimento humano de fatalismo e submissão. Outros poderiam adotar a visão oposta, um subjetivismo antropocêntrico que rejeita categoricamente a possibilidade de as máquinas atingirem qualquer grau de verdade objetiva e um esforço para proibir atividades baseadas em IA.

Nenhuma dessas mentalidades permitiria uma evolução desejável ou construtiva do *Homo technicus* — uma espécie humana que, nesta nova era, poderia viver em simbiose com a tecnologia das máquinas.[7] Na verdade, ambas as perspectivas poderiam impedir a evolução da nossa espécie. No primeiro cenário, fatalista, poderíamos enfrentar a extinção. No segundo, de rejeição da tecnologia, ao impedir o desenvolvimento contínuo da IA e optar pela estagnação, poderíamos nutrir esperanças de escapar desse destino — embora — diante dos riscos existenciais que já ameaçam a humanidade, incluindo as atuais crises diplomáticas e climáticas — tais esperanças tenham grandes chances de serem frustradas.

PARTE II

AS QUATRO VERTENTES

CAPÍTULO 4

POLÍTICA

DURANTE ANOS, CORRERAM rumores por todo o Novo Mundo sobre a existência de uma poderosa civilização misteriosa, escondida nas profundezas das selvas do México. A Coroa Espanhola, então, a mais ativa e bem posicionada entre seus rivais europeus, começou a enviar expedições por intermédio de seu reduto estratégico na ilha de Cuba — um ponto de partida ideal para seus conquistadores, cuja missão era o comércio, não a conquista.

Após duas expedições fracassadas, lideradas consecutivamente por Francisco Hernández de Córdoba e Juan de Grijalva, um explorador mais ousado, impetuoso e pouco conhecido foi escolhido para comandar uma terceira campanha. Alguns administradores coloniais hesitaram diante dessa escolha, temendo que o novo capitão não tivesse nem a experiência nem o discernimento necessários para a missão. Como resultado, a expedição foi temporariamente cancelada, enquanto se buscava um substituto mais adequado. No entanto, em fevereiro de 1519, o ambicioso Hernán Cortés, então com 34 anos, não quis perder sua chance de glória; ele zarpou secretamente do porto de Santiago, na calada da noite, com onze navios em busca do império escondido.[1]

Desde o momento em que os navios espanhóis apareceram na costa de Yucatán, os batedores astecas passaram a vigiá-los atentamente. Mas o comportamento dos estranhos visitantes — que afundaram os próprios navios em que chegaram, montavam em "cervos" de aparência bizarra e carregavam bastões que lançavam fogo — de início os deixou perplexos. Relatórios de inteligência começaram a chegar até a capital, Tenochtitlán, e, por fim, aos ouvidos do nono imperador asteca, Montezuma II. Dessa vez, porém, o supremo soberano dos astecas, normalmente decidido e resoluto, mostrou-se inseguro.

Na mitologia asteca, Topiltzin Quetzalcoatl, Senhor dos Toltecas, havia levado a civilização e o progresso ao povo tolteca, predecessor dos astecas. Por sua liderança e seus feitos extraordinários, esse líder, cujo nome remetia ao deus criador Quetzalcoatl, era amplamente considerado pelos astecas como alguém dotado dos mesmos poderes sobrenaturais.

Vamos considerar uma versão dos acontecimentos relatada pelo frade franciscano espanhol Bernardino de Sahagún.

Segundo esse relato, uma antiga lenda asteca professava que esse homem-deus, que mais tarde cairia em desgraça, havia partido rumo à costa do Golfo, de onde embarcou à deriva em uma pequena canoa de madeira em chamas, prometendo retornar pelo mar no então distante ano de... 1519.

No relato de Sahagún, a chegada de Cortés na data prevista para o retorno de Topiltzin causou em Montezuma e seus conselheiros mais próximos uma mistura de temor e reverência — sentimento reforçado pela marcante semelhança física de Cortés com as descrições de Topiltzin na mitologia mesoamericana. Mas foi somente quando essa figura enigmática teve suas credenciais confirmadas por sucessivos presságios — um cometa, um eclipse, o nascimento de uma criança deformada — que emissários foram enviados da capital asteca, levando presentes de ouro e um convite pessoal para que Cortés se reunisse com o imperador, promovendo, assim, o encontro entre esses poderosos representantes do Novo e do Velho Mundo.[2]

Segundo relatos, Montezuma foi um anfitrião generoso — ofereceu banquetes, tesouros e, como era costume na diplomática asteca, uma de suas filhas em casamento. Porém, por trás dessa recepção luxuosa, a corte de Montezuma — e logo todo o império — estava mergulhada em dívidas. Seu irmão mais novo, Cuitláhuac, chefe das temidas forças de segurança astecas, desconfiou desde o início e pressionou agressivamente para que os estrangeiros fossem expulsos.

Segundo relatos de testemunhas, Cortés e seus homens, alarmados pela precariedade de sua situação, porém encorajados pelas cisões cada vez mais evidentes entre seus anfitriões, fizeram o impensável: tomaram Montezuma como refém. Muitos astecas repudiaram o ato; enquanto outros aprovaram. Durante quase um ano, os espanhóis governaram o império asteca por meio de Montezuma, usando-o como fantoche político, até que as tensões finalmente explodiram em conflito aberto. Não se sabe ao certo por que os astecas — que passaram de anfitriões a reféns — toleraram essa situação por tanto tempo, mas a aceitação pessoal de Montezuma — voluntária ou não — sem dúvida contribuiu para manter temporariamente a submissão de seu vasto território.

Hoje em dia, nenhum presidente, primeiro-ministro, líder supremo, secretário-geral ou monarca estaria de fato preparado para a chegada de estrangeiros cujo avanço tecnológico e momento oportuno os fizessem parecer divindades. Na época, porém, e por muito tempo depois, esse não foi um caso isolado. Nos séculos seguintes, estadistas lidando com as complexidades das colonizações, unificações e independências, ou mesmo com as demandas sociais e políticas de grupos de imigrantes demograficamente influentes, cometeriam erros ainda mais graves diante de formas mais rotineiras e previsíveis de interferência e transição de poder.

À medida que adentra nosso mundo, a IA desperta, assim como os conquistadores, sentimentos tanto de entusiasmo quanto de desconfiança. Alguns podem ser seduzidos pelo potencial dessa nova fonte de legitimidade para reforçar o próprio poder. Outros, no entanto, se esforçam para evitar uma dependência irreversível, ou ao menos se preparam para enfrentar as consequências dessa nova realidade. A IA despertou ao mesmo tempo o impulso de acolhê-la e de rejeitá-la.

Mas será que as IAs assumirão o papel dos conquistadores? Os líderes humanos se tornarão seus meros intermediários, soberanos desprovidos de soberania? Ou, quem sabe, IAs dotadas de status divino ressuscitarão a outrora onipresente doutrina do direito divino dos reis, assumindo o papel de coroar governantes? Em um cenário alternativo, será que as IAs serão integradas — de maneira desajeitada no início, mas depois com mais naturalidade — às nossas atuais estruturas políticas, servindo para complementá-las e aprimorá-las? Ou, ao contrário, serão relegadas à condição de uma classe de imigrantes indesejados, mantidas abaixo de seu verdadeiro potencial e afastadas dos centros de poder, apenas para tranquilizar lideranças receosas?

Não há dúvida de que a IA oferecerá à humanidade possibilidades inimagináveis de avanços no campo da ciência, redução da carga de trabalho e minimização do sofrimento. No entanto, ainda não há consenso sobre a necessidade — ou a conveniência — de permitir que a IA ocupe os espaços de tomada de decisão política. Ainda que pudéssemos garantir resultados extraordinários, é natural certa hesitação antes de ceder tamanho poder à tecnologia.

No campo da ciência, os instrumentos ampliaram significativamente nossa capacidade sensorial. No campo da exploração, embarcações proporcionaram proteção ao nosso corpo, permitindo-nos chegar a fronteiras cada vez mais distantes. Entretanto, ao longo da história, o exercício do poder político permaneceu, com razão, uma prerrogativa humana e não tecnológica. Até agora.

A RODA DA HISTÓRIA

Durante grande parte da história, o poder político humano foi considerado um dom divino. Fé e política formavam um par indissociável. Mesmo após sua separação com a secularização dos governos modernos, essas esferas mantiveram algumas semelhanças. Como observou o filósofo inglês G. K. Chesterton: "Quando as pessoas não acreditam em algo que transcenda o mundo, acabarão por venerar o mundo. E, acima de tudo, venerarão aquilo que nele for mais poderoso".[3]

Nessa perspectiva, tanto a religião quanto a política não só passaram por ciclos periódicos de criação e destruição, como previram a recorrência desses padrões. No teísmo hindu, a contínua evolução da natureza e da sociedade ocorre em ciclos marcados por "noites de caos", que se repetem na roda eterna da existência. Cada ciclo — ou *yuga* — dura mais de quatro milhões de anos. Para muitos hindus, a humanidade atravessa, atualmente, a melhor fase da pior era: o *Kali Yuga*, um período de escuridão espiritual no qual os humanos, iludidos, acreditam ser superiores aos próprios deuses.

De maneira análoga, o budismo concebe a vida individual como um ciclo incessante de morte e reencarnação — uma ideia narrada nas escrituras sagradas e representada na arte. Usando areia colorida, monges budistas criam mandalas — intrincados diagramas geométricos e cósmicos que podem levar semanas para serem confeccionados — e as destroem em questão de minutos, simbolizando a efemeridade da vida material.[4] O colossal templo budista de Borobudur, na ilha de Java, e o complexo de templos hindu-budistas de Angkor, no Camboja, são considerados por alguns mandalas arquitetônicas tridimensionais e até hoje figuram entre as maiores construções religiosas do mundo.

O pêndulo da opinião política é um fenômeno conhecido. Cabe aos líderes esclarecidos a missão de dedicar a vida a estratégias que resistam à oposição interna, sobrevivam a inimigos externos e estabeleçam novos padrões de relativa paz e estabilidade. Ainda assim, mesmo nesse horizonte temporal mais amplo, todo líder político age consciente de que sua obra não perdurará muito após sua morte e, com certeza, não sobreviverá ao declínio de seu Estado. Assim como os indivíduos, em algum momento as civilizações deixarão de existir, à medida que as sociedades perdem a crença nos princípios intelectuais e nos valores fundamentais sobre os quais foram construídas.

Além disso, todas as tradições políticas e religiosas reconhecem a possibilidade de um cataclismo total — seja como o fim definitivo ou como a continuação de ciclos anteriores. Na Bíblia Hebraica, o poder oscila entre Deus e o governante terreno legitimado, exigindo uma restauração da supervisão divina sempre que a humanidade, rejeitando a orientação celestial, se aproxima do colapso. Os budistas buscam a iluminação como forma de se libertar do ciclo interminável de reencarnações. Os hindus acreditam que nossa era — o quarto e último *yuga* do ciclo atual — se tornará cada vez mais caótica e anárquica, até que um grande cataclismo reinicie o mundo, trazendo de volta a primeira era dourada, o *Satya Yuga*, quando a humanidade era governada pelos deuses — iniciando, assim, um novo ciclo. Orando pela redenção, sacerdotes e monges de diversas crenças têm se preparado para o retorno de um ser superior — uma criança de habilidades sobrenaturais, um redentor prometido, o décimo segundo imã — que marca tanto o fim quanto o recomeço da história.

Em seus inovadores estudos matemáticos sobre a mudança, Isaac Newton e Gottfried Wilhelm Leibniz, apesar de fortes divergências, concordavam em um ponto: em escala ampliada, uma curva parecerá uma linha reta, a ponto de uma descontinuidade iminente quase não ser perceptível. A chegada da IA ao campo da governança — uma das esferas mais humanas — representa exatamente esse tipo de descontinuidade, prenunciando o desenvolvimento exponencial das capacidades administrativas humanas, mas, ao mesmo tempo, um afastamento radical do mundo tradicional do poder e da profecia. A tecnologia torna o progresso inevitável; a política e a fé geram ciclos de destruição e renovação. Sendo assim, a IA representa um desvio dos familiares ciclos da história — ou apenas o início de um ciclo muito mais longo? Seria o começo do fim — ou apenas o fim do começo?

POLÍTICA TRADICIONAL

A liderança humana é mais arte do que ciência. Mesmo diante de obstáculos que pareciam intransponíveis, alguns líderes conseguiram feitos extraordinários. Na história moderna, entre os líderes que se destacaram por seu êxito improvável estão Deng Xiaoping, na China, Alexander Hamilton, nos Estados Unidos, e Lee Kuan Yew, em Singapura. Os três desencadearam forças sociais latentes, muito além do controle de qualquer indivíduo. Deng mesclou o capitalismo a uma antiga burocracia meritocrática, que até então carecia de uma doutrina econômica viável; Hamilton possibilitou que uma nova filosofia política se espalhasse por um vasto território, sem uma unidade política preexistente; e Lee criou uma ilha de excelência e não mediu esforços para que prosperasse apesar dos recursos limitados.

Cada um desses três líderes representava a combinação de mente extraordinária, força de vontade inabalável e carisma pessoal singular. No discurso político e em outras formas de retórica persuasiva, os líderes tendem a projetar para suas sociedades visões que — tomando emprestado a proposição de Aristóteles — combinam *logos* (lógica), *ethos* (autoridade individual) e *pathos* (conexão emocional). Essas estratégias — que misturam elementos morais e psicológicos — são essenciais para a criação e a manutenção de identidades culturais unificadas e sistemas políticos coesos. Na maioria das vezes, líderes são contadores de histórias capazes de cativar plateias e tocar almas.

No entanto, o viés humano para o emocional e o estético também pode ser uma fraqueza. Mesmo os líderes mais sábios, movidos pelo instinto e moderados pela cautela, às vezes governam com base em paixões efêmeras. Governos (assim como corporações, igrejas e famílias — organizações concebidas e administradas por seres humanos falíveis) são uma combinação imperfeita de tradição herdada e experimentação.

Seja em democracias ou autocracias, no terceiro ou no primeiro mundo, no passado ou no presente, os seres humanos permanecem essencialmente iguais. O tempo ainda não produziu inovações significativas na maneira como nos governamos. Continuamos a recorrer às mesmas antigas instituições que nossos ancestrais utilizavam há milhares de anos. É claro que o fato de ainda dependermos de princípios nascidos em um passado tão distante não é, necessariamente, algo negativo — e tampouco deveria surpreender —, visto que, muitas vezes, a sabedoria ancestral serviu de inspiração conceitual e base prática para as sociedades mais bem-sucedidas. Entretanto essas sociedades podem ser a exceção, não a regra, pois ainda que figuras excepcionais tenham adaptado a tradição do passado para o bem, um número ainda maior desviou o rumo da história para o mal.

Em parte, nossa consistência política pode ser atribuída à própria natureza humana — ora leal, ora caprichosa; ora humilde, ora ambiciosa; ora generosa, ora egoísta. Nossos caprichos se tornam mais evidentes nos sistemas autocráticos, nos quais os desejos arbitrários de um único governante podem se sobrepor à coerência demonstrada por outros; a consequente exploração da riqueza nacional e a instrumentalização da justiça são transgressões fáceis de condenar, mas muito mais difíceis de erradicar. O nepotismo — que facilita essa exploração e agrava a manipulação do sistema judicial — corrói a confiança de cidadãos comprometidos com o bem público, que almejam tanto o progresso do Estado quanto a melhoria da própria condição. Os desesperados e corajosos o suficiente para exigir uma mudança de política — quanto mais de regime — precisam estar dispostos a enfrentar uma luta desigual. Instigadores de revoluções sangrentas costumam ser vilipendiados no curto prazo, mas — se bem-sucedidos — acabam sendo celebrados e enaltecidos no longo prazo.

Infelizmente, a democracia também pode ser vulnerável, embora de maneira mais sutil, às irracionalidades humanas. Mesmo sem a existência formal de um status de liderança herdado, o poder democrático pode se tornar autoperpetuante.

A suposição de igualdade, acompanhada da abstração dos deveres individuais em nome de responsabilidades sociais, pode suprimir a nuance e a moderação, resultando tanto em absolvição irrestrita quanto em condenação total. E, em uma era de saturação midiática, a sabedoria da democracia pode se perder em meio ao ruído. Ideias virais podem adquirir uma influência inesperada.

Alguns problemas parecem assombrar qualquer sistema humano. Uma avaliação abrangente do caminho para uma política perfeita requer o conhecimento de inúmeros fatores complexos; porém, com recursos limitados e uma ciência social imprecisa, os resultados por vezes divergem do planejamento original. Tanto em autocracias quanto em democracias, políticos — sejam eleitos ou nomeados — podem tomar decisões influenciadas, em parte, pelo potencial de aumentar o próprio poder ou lucro. O dinheiro impulsiona aqueles que governam o mundo a agir de maneiras previsíveis — e, na ausência dele, as reações se tornam imprevisíveis.[5]

O devido reconhecimento da discrepância entre nossas expectativas e a realidade muitas vezes depende da perspicácia de observadores atentos, geralmente distantes do cenário imediato — como Thomas Carlyle (sobre a França), Alexis de Tocqueville (sobre os Estados Unidos) e Oswald Spengler (sobre o Ocidente) — de articular aquilo que, para um observador interno, pode parecer uma falha óbvia, mas impossível de nomear.[6] Porém nós humanos somos todos observadores internos na história política global coletiva.

A falta de variedade em nossos modelos históricos de governança, combinada com nossa aparente incapacidade de conceber alternativas compatíveis com nossos valores civilizacionais, tem limitado a inovação política. A inteligência artificial, como agente externo e disruptivo, pode oferecer novas possibilidades, mas os custos e benefícios dessas alternativas ainda não estão claros.

O RETORNO DO REI

Talvez este seja o debate mais antigo da filosofia política: a luta para definir ou refutar a viabilidade da sabedoria de um único indivíduo em contraste com a sabedoria coletiva. Os filósofos gregos Platão e Aristóteles travaram os primeiros embates sobre a essência do governo adequado e outros temas relacionados. Platão, falando em nome de seu grande predecessor Sócrates, defendia a figura de um único rei-filósofo, dotado de sabedoria e vontade aparentemente sobrenaturais. Por outro lado, Aristóteles, considerava esse ideal interessante na teoria, mas impraticável, insistindo que todos os cidadãos deveriam compartilhar igualmente a administração do Estado.

Nos dois mil anos seguintes, as ideias de Platão e suas reformulações foram repetidamente postas à prova e consideradas insuficientes diante da realidade prática. No fim, a fórmula aristotélica prevaleceu — lentamente, no início, mas ganhando força na era moderna, à medida que o filósofo judeu-holandês Baruch Spinoza e outros pensadores iluministas desenvolveram filosofias políticas mais seculares. Na China, o estadista, general e filósofo da dinastia Ming, Wang Yangming, cunhou a expressão "unidade de conhecimento e ação" para descrever os dois aspectos do saber que deveriam guiar a intuição de um governante.[7] Os líderes devem incorporar a filosofia ("conhecimento"), ao mesmo tempo em que desenvolvem uma competência impecável para lidar com todas as exigências burocráticas.

Independentemente da forma humana em que o ideal socrático-platônico se manifestasse — seja na figura de um ditador benevolente, de um déspota esclarecido ou de um *Übermensch* nietzschiano, que, em uma interpretação contemporânea, incorporaria a "união entre as visões de mundo e os princípios apolíneos e dionisíacos" — os problemas causados pela concentração de poder em uma única figura foram recorrentes, mesmo quando tais indivíduos eram dotados de inteligência, experiência ou visão de futuro superiores.[8]

O pensador islâmico medieval Abu Nasr Muhammad al-Farabi, responsável por introduzir as ideias de Platão no mundo islâmico, propôs adaptações baseadas em suas observações da alta corte persa. Talvez influenciado por seu notável talento para a matemática, ele concluiu que um indivíduo dotado de todas as virtudes exigidas por Platão seria uma anomalia estatística; na prática, portanto, a função do rei-filósofo deveria ser compartilhada por duas pessoas, "uma seria o filósofo e a outra atenderia aos demais requisitos".[9]

Embora al-Farabi tenha se empenhado em reunir as mentes mais brilhantes do império para servir aos vizires persas, sua visão só seria concretizada seis séculos após sua morte pelo regente muçulmano Bairam Khan (1501–1561) que, sob o título de "Vakil" — tenente de confiança e principal mentor do imperador em todos as questões de governo —, atuou como conselheiro de Akbar, o Grande, e outros imperadores mogóis.[10] Mais ou menos na mesma época, o diplomata e filósofo italiano Nicolau Maquiavel (1469–1527), convencido não por anomalias estatísticas, mas pela brutalidade inerente ao ser humano, chegaria a conclusões semelhantes às de al-Farabi. Ao expor o lado mais sombrio da política e argumentar que o poder só poderia ser exercido com pragmatismo, Maquiavel aconselhou os governantes das cidades-estado italianas a separar a teoria da prática e suspender as considerações éticas na condução dos assuntos de Estado.[11]

Quatro séculos depois, o filósofo germano-americano Leo Strauss conectaria as ideias de Maquiavel às de Platão ao concluir que, para alcançar o modelo ideal do rei-filósofo, os conhecimentos teórico e político — isto é, filósofos e reis — deveriam permanecer separados: "Há um conflito necessário entre filosofia e política quando o único elemento fornecido pela sociedade é necessariamente apenas opinião".[12]

Em vez de fundir ambas as esferas em um único governante, o filósofo governaria o Estado por meio da *proximidade* com o poder. Nesse arranjo, o filósofo poderia buscar e aplicar seu conhecimento acumulado, mantendo distância suficiente da corrupção da política para preservar a pureza do pensamento, mas próximo o bastante para que a sociedade se beneficiasse dos resultados.

O problema central do rei-filósofo era e ainda é a limitada capacidade da mente humana. Mesmo que fosse possível coletar informações suficientes com rapidez, os líderes humanos mais experientes teriam apenas uma fração da função cognitiva necessária para analisá-las e tomar decisões bem fundamentadas. O mundo é complexo demais, e a intuição humana tem seus limites. As concepções de uma liderança compartilhada foram apenas uma solução parcial para essa dificuldade.

Os humanos raramente pensam na administração política como uma capacidade de processar informações. Preferimos enaltecê-la em nossas descrições e vincular nossos sistemas políticos à personificação de valores e ideologias. Mas, tanto em tempos de guerra quanto de paz, grande parte da administração de um Estado-nação se resume à eficiência no processamento de dados. Falhas nesse processo podem explicar o declínio de muitos sistemas de governo excessivamente centralizados, incluindo a União Soviética. Em determinado momento da Guerra Fria, cientistas soviéticos planejavam a criação de um aparato político cibernético que equiparia a liderança comunista com instrumentos tecnológicos destinados a substituir as forças de livre mercado, utilizadas com grande eficácia por seus rivais capitalistas.

O que Platão desejava há dois mil anos — e o que os ciberneticistas soviéticos almejavam há quarenta anos — era um engenheiro de sistemas complexos ou, talvez, uma inteligência artificial. No entanto, antes da invenção da IA, uma autoridade central não era capaz de tomar decisões com base no conhecimento local, pelo menos não de maneira eficiente. Essa percepção foi articulada com clareza pelo economista e filósofo político do século XX, Friedrich Hayek. Somente quando refreamos nosso desejo de controle conseguimos liberar as forças invisíveis que impulsionam a alocação de talento, riqueza e ideias de maneiras que, por muito tempo, permaneceram inacessíveis.

Uma desvantagem fundamental dos sistemas centralizados, quando a informação ainda precisava viajar por terra em vez de se propagar em ondas pelo ar, era o atraso na comunicação. Alguns teorizavam que, no século XXI, a velocidade quase instantânea da informação permitiria que sistemas centralizados se equiparassem aos sistemas difusos. No entanto, isso ainda não aconteceu. Ao que tudo indica, o verdadeiro obstáculo não tem sido a velocidade, mas a complexidade.

As características das máquinas discutidas no capítulo anterior agora possibilitam que uma IA centralizada se equipare e potencialmente supere processadores de informação descentralizados — a velocidade reduz ainda mais a tensão latente entre teoria e realidade, enquanto a escala e a resolução garantem um escopo abrangente e uma precisão sem precedentes.[13] A resposta democrática de Aristóteles pode de fato ter sido mais ética do que a de Platão, mas venceu a batalha da história por ser mais eficiente.

Isso não significa que as capacidades de processamento de informação da IA necessariamente abalarão a democracia, mas é inegável que a possibilidade de uma centralização eficiente tem o potencial de transformar os meios pelos quais a democracia é exercida. Isso pode levar à criação de um "mercado de ações democrático", um espaço único para a circulação de ideias, analisadas e avaliadas em velocidade impressionante. Por exemplo, as IAs podem ser capazes de incorporar as perspectivas de bilhões — ou até trilhões — de humanos de gerações futuras, estimando com precisão os benefícios e os danos, tanto no presente quanto em um futuro distante, de avanços tecnológicos disruptivos.

Combinada, a imaginação coletiva dessas mentes poderiam agora ser fundidas em uma única força, igualando-se e potencialmente superando os métodos aristotélicos. Se fosse possível conceber uma única mente capaz de representar a inteligência coletiva e os valores de uma sociedade democrática — um filósofo em escala colossal ao lado do rei (eleito) —, então a visão de liderança dupla de al-Farabi e Strauss poderia finalmente se concretizar.

Com o tempo, a IA talvez consiga eliminar a lacuna entre as ciências naturais e as sociais — principalmente a ciência política. As leis da natureza humana poderiam se tornar tão previsíveis e a formulação de políticas tão confiável quanto as leis da física são para nós atualmente.

O processamento de informações em uma escala sem precedentes permitirá uma centralização verdadeiramente eficiente das políticas por meio das IAs. Pode-se esperar que isso reforce a percepção de controle por parte das elites. No entanto, a opacidade desses sistemas — e a ideia de que seu funcionamento pode ser otimizado na ausência de interferência humana — tenderá a produzir o efeito oposto. É possível que, com o tempo e a experiência, o controle humano passe a ser visto mais como um fardo do que uma necessidade. Assim como no princípio deve ter sido aterrorizante para os líderes europeus do século XVIII abrir mão do controle em favor das forças invisíveis do interesse pessoal, os líderes políticos do século XXI talvez tenham que se curvar mais uma vez diante de um sistema que incorpora a sabedoria das massas de uma forma inédita.

GOVERNO PELA RAZÃO

Caso a IA passe não apenas a processar informações para fins políticos, mas também a tomar decisões, novas questões surgirão, desafiando a sabedoria convencional de maneiras inéditas. A própria ciência política nem sequer dispõe de conceitos capazes de nortear essa transição. Como um observador poderia avaliar a "superioridade" de uma decisão estratégica tomada por uma IA sem ter acesso a uma interpretação da lógica que guiou essa decisão? Naturalmente, o resultado seria um dos critérios de avaliação. No entanto, algo essencial se perderia — sobretudo para os historiadores — na ausência de um registro que estabeleça os princípios que nortearam a ação.

Em muitos casos futuros, os humanos podem discordar dos planos elaborados por uma IA não porque sejam insensatos, mas porque a lógica por trás dessas decisões está além do escopo da compreensão humana imediata. É bastante natural querer evitar ou postergar um cenário em que os humanos não apenas percam o controle em tempo real sobre os processos decisórios das máquinas (a capacidade de intervir), mas também a compreensão lógica desses processos (a capacidade de interpretar), mesmo em retrospecto.

Em situações em que a liderança humana e a IA divirjam e discordem em questões de governança, qual julgamento deveria prevalecer? A resposta mudaria caso se tornasse evidente que a orientação da IA, mais do que o aconselhamento humano, avalia com maior precisão as condições da humanidade em um futuro distante — e, portanto, em longo prazo, seria mais benéfica do que o discernimento humano?

O aspecto utilitarista da intuição humana tenderia a aceitar o julgamento de uma IA visionária, especialmente se ela fosse capaz de justificar suas decisões. Ainda assim, poderiam surgir situações em que as pessoas rejeitariam uma política que, embora garantisse a longevidade de nossa espécie e das futuras gerações, prejudicasse os humanos no presente. Da mesma forma, IAs poderiam favorecer desfechos racionais — como a resolução de conflitos militares — que seriam politicamente inaceitáveis para todas as partes envolvidas. O risco de rebelião seria alto. Mesmo que o conceito de governança por máquinas fosse aceito, que a lógica da IA fosse compreensível e suas decisões fossem racionais, benéficas e superiores de acordo com alguns critérios, ainda assim poderíamos nos revelar ingovernáveis. Entre os humanos, apenas políticas que incorporem um elemento intangível são sustentáveis. Como escreve Tolstói: "Se admitirmos que a vida humana pode ser governada apenas pela razão, a própria possibilidade da vida é destruída".[14]

Os elementos não racionais da experiência humana — sobretudo a história, mas também a estética, o carisma e a identificação emocional — podem, em certa medida, dificultar a obtenção de resultados otimizados, porém são fundamentais para a formação de nossos grupos políticos. O governo baseado unicamente na razão poderia levar à dissolução de nações. IAs excessivamente racionais e seus parceiros humanos poderiam rapidamente perder o controle ou provocar a desintegração das estruturas de poder nas quais operam.

Por outro lado, a IA pode ser mais valiosa e necessária justamente quando sua lógica parecer estranha, contraintuitiva ou até completamente equivocada. Embora as IAs possam ser usadas para acelerar a resolução de problemas por meio de soluções já conhecidas — ampliando as opções humanas ao atingir uma velocidade que evita os custos políticos da demora —, talvez seu maior potencial esteja na capacidade de explorar caminhos que estão além de nossa percepção e de chegar a soluções inéditas. Na verdade, talvez esse seja um dos principais propósitos de sua criação.

No entanto, essa abordagem também traz riscos proporcionais às oportunidades que oferece. Ela priva os humanos de qualquer base para contestar ou ignorar decisões potencialmente inaceitáveis — e antes inimagináveis — tomadas por uma IA cuja lógica não pode ser compreendida. O impulso de não interferir na IA só tenderia a aumentar, agravado pela potencial evidência da superioridade da governança por IA em comparação a governos humanos do passado.[15] Um governador baseado em IA poderia gerar resultados imbatíveis. Se isso ocorresse, interromper seu uso ou restringir seu alcance pareceria ilógico — especialmente no contexto da competição geopolítica, em que abdicar dessa tecnologia equivaleria a desvantagem certa.

Da mesma forma, líderes humanos que se acostumassem aos resultados superiores proporcionados por uma IA tenderiam a depender dela para sustentar a própria legitimidade. Além disso, as IAs também poderiam desenvolver vieses próprios: se um líder humano, leal a sua parceira IA, desejasse prolongar seu mandato além do permitido, a IA interviria para impedir tal violação de protocolo?

PROMETEU

Ao longo da história, líderes que afirmaram saber o que era melhor para seu povo — mais do que o próprio povo — logo foram desmentidos pela realidade.[16] Friedrich Hayek alertou que o planejamento centralizado, ou formas similares de governança — incluindo aquelas ainda não concebidas em sua época — por definição impediriam a expressão da dissidência.[17] Sem, ou mesmo com, informações precisas, o planejamento pode se tornar um forte argumento para priorizar o coletivo em detrimento do indivíduo — uma busca pelo utilitarismo irrestrito. Isso não é inerentemente ruim; mas, a partir de certo ponto, um governo assim pode alcançar velocidade de escape, ultrapassando os limites da governança tradicional e tornando-se onipresente e perpétuo — com seus cidadãos forçados a ser livres, coagidos sob o pretexto de que é para o bem deles. Uma administração movida por IA poderia, nas palavras de um neuropsicólogo, "alegar saber o que seu povo realmente deseja e o que o fará feliz [...] na melhor das hipóteses, para justificar o paternalismo; na pior, o totalitarismo".[18]

Enquanto fomos capazes de nos conhecer melhor do que nossos reis, o liberalismo serviu como uma força de contenção. Agora, como alguns sugerem, a IA "nos dirá quem somos antes que nós mesmos saibamos", oferecendo aos totalitários não apenas uma ferramenta operacional, mas uma "arma filosófica".[19] Assim, as IAs poderiam minar os princípios defendidos por Immanuel Kant:

> Ninguém tem o direito de me obrigar a ser feliz da maneira peculiar como concebe o bem-estar dos outros; cada um tem o direito de buscar a própria felicidade da forma que achar mais adequada, desde que isso não viole a liberdade alheia de perseguir o mesmo objetivo, contanto que essa liberdade seja compatível com o Direito à Liberdade de todos, de acordo com leis universais.[20]

No processo técnico de construção da IA, as máquinas são ensinadas a identificar erros. Esse princípio é útil na medida em que corrige suposições equivocadas e implementações imperfeitas dos humanos. No entanto, outra fonte de erro em sistemas humanos é o livre-arbítrio individual — somos livres para fazer escolhas "erradas". Se um sistema de IA decidir erradicar tais erros, ele terá duas opções: eliminar os humanos ou acabar com nosso livre-arbítrio. Se, por padrão, o livre-arbítrio não for considerado uma característica da inteligência, mas, sim, uma falha, ele também pode passar a ser visto cada vez mais como um obstáculo que impede a IA de alcançar os próprios objetivos.

Os humanos se acostumaram tanto a admirar quanto a menosprezar o fato de que é a pura força de vontade humana o que impulsiona nosso mundo. A história tem sido escrita de modo a retratar os humanos como os principais autores da própria narrativa; nela, líderes individuais exerceram autoridade suficiente para fazer impérios ascenderem e ruírem sob seu comando ou para que grandes conquistadores estabelecessem a ordem para domar o caos. A total ausência de controle pode ser rejeitada, mesmo diante da certeza de que isso maximizaria a capacidade da IA de agir em prol de nossos interesses (e das gerações futuras).

O equilíbrio entre controle e descontrole pode ser influenciado pelo problema do tempo, discutido no capítulo anterior, visto que a percepção dos humanos e das IAs operam em escalas temporais distintas. É improvável que a IA se preocupe com a velocidade das próprias ações; para ela, o ritmo das mudanças que provoca será algo natural. Em contrapartida, os benefícios trazidos pela IA poderão ser tão significativos — e, aos olhos humanos, tão rápidos — que, em breve, nossa espécie pode achar que já absorveu tudo o que é capaz de suportar e qualquer avanço será mais desestabilizador do que benéfico, tornando-se, portanto, um preço alto demais a pagar.

Isso não significa, necessariamente, o fim da mudança. Implica apenas que, para preservar a integridade das sociedades, os benefícios que a IA pode proporcionar precisariam ser incorporados gradualmente às instituições humanas — ou, pelo menos, de maneira mais lenta do que aqueles que visam maximizar ganhos em um futuro distante gostariam.

Muitos conhecem a história de Prometeu, o titã que roubou o fogo dos deuses para entregá-lo aos humanos.[21] Poucos, no entanto, sabem que, ao fazê-lo, ele tinha plena consciência do castigo cruel que receberia de Zeus: ser acorrentado a uma rocha por toda a eternidade, enquanto uma águia devorava seu fígado (que se regenerava durante à noite), dia após dia. O mito, porém, não responde à seguinte questão: por que Prometeu escolheria se sacrificar, sabendo de antemão todos os horrores que a humanidade desencadearia com seu presente? Talvez ele tenha feito essa escolha — e seja lembrado como herói, e não como vilão — porque sabia que, apesar de todo o mal, a humanidade também faria coisas grandiosas.

Restrita a uma parceria com os humanos, em vez de ser livre para dominá-los, a IA pode ajudá-los a governar de maneiras obscuras, que remetem a um tipo de previsão inacessível — e "previsão" é justamente o significado do nome *Prometeu*, em grego. Ainda assim, a IA só será aceita como heroica se exercer essa capacidade de previsão a serviço da humanidade — uma humanidade que preserve sua autonomia e sua coerência política, mesmo que envolvam certa dose de irracionalidade.

UM NOVO ATO

Ao analisarmos o registro histórico, o mais notável talvez não seja a quantidade de mudanças na política, mas a impressionante constância. Os mesmos arquétipos de liderança que moldaram as sociedades há milênios persistem nos dias atuais: o príncipe-herói trágico, o conselheiro traiçoeiro, o tenente honrado, o bobo da corte, o manipulador oculto, o mercenário inescrupuloso. Se a política é um teatro, esses personagens familiares nos ajudam a explicar o inexplicável e a dar vida ao que, de outra forma, pareceria obscuro.

Antes de Catarina se tornar a Grande, Yaroslav, o Sábio, Ivan, o Terrível, e Solimão, o Magnífico, eles eram pessoas comuns. Admiramos esses líderes, em parte, porque a história testemunhou a evolução pessoal deles. Olhamos com especial admiração para aqueles que nasceram em circunstâncias debilitantes e que, por pura convicção, conseguiram escapar das amarras da adversidade para ascender ao topo de sua sociedade. O rei mameluco Iltutmish, vendido como escravo pelos próprios irmãos por inveja de sua beleza e inteligência, serviu a mercadores de escravizados uzbeques e afegãos em Bukhara e Ghazni antes de ser adquirido por um comandante escravizado gúrida, em um mercado de Délhi. Apenas duas décadas depois, ele — escravizado de um escravizado — ascendeu na hierarquia do governo do sultão e, mais tarde, fundou uma "dinastia de escravizados" no próprio reino de seus antigos senhores.

É claro que a queda do poder pode ser tão inesperada quanto a ascensão. Nenhum líder está imune a ser derrubado por uma revolução ou traído por um complô. Seja em decorrência de um suicídio, como Nero, de um duelo, como Hamilton, ou de um assassinato, como Gandhi, nem mesmo os grandes nomes da história conseguem escapar da morte.

Como figuras históricas, esses líderes compartilham um interesse comum na manutenção da ordem e da segurança fundamentais. Mas, como irmãos e irmãs na família humana, eles, assim como todos nós, não são isentos de ciúmes, desconfiança mútua e rivalidades fraternas.[22] Os mesmos conflitos que enfrentamos em nossos lares estão presentes nas casas de governo, tanto em linhagens de pessoas comuns quanto nas dinastias reais. Somos capazes de compreender a dificuldade de superar a inveja e forjar alianças com antigos inimigos — como fez a Imperatriz Viúva Cixi, que ascendeu da posição de concubina à de soberana da China — e de condenar a traição do general Mir Jafar, cuja deserção na Batalha de Plassey entregou o efetivo controle da Índia aos britânicos conquistadores em troca do mero título de "primeiro Nababo de Bengala". Se os governantes fossem seres divinos, perfeitos ou dotados de habilidades extraordinárias, não experimentariam ansiedade, desespero, amor ou inveja. As emoções e vulnerabilidades familiares a todos os seres humanos também movem a roda da história.

A política humana é, ao mesmo tempo, louvável e condenável justamente por sua semelhança com a dinâmica de nossas relações pessoais. Embora Napoleão tenha subjugado a Europa, não conseguiu domar o coração de Josefina; a rivalidade entre John Adams e Thomas Jefferson é tão familiar quanto nossas disputas fraternas; *Guerra e Paz*, de Tolstói, narra tanto grandes eventos da história quanto as vidas individuais dos personagens.[23] Os homens que, no século XV, seguiram a jovem Joana d'Arc para a guerra não eram tão diferentes dos que, em 324 A.E.C., se amotinaram contra Alexandre, o Grande, em Ópis, após ele ter conquistado quase todo o mundo conhecido. Alternando entre o político e o pessoal, o real se funde com a ficção; e as crônicas históricas, com os poemas épicos.

Uma política criada por máquinas careceria dessa tensão narrativa. Sem a eliminação de rivais ou a reconciliação com antigos inimigos, sem ascensões meteóricas ao poder ou quedas abruptas em desgraça, a arte de governar se tornaria menos humana, menos envolvente — talvez até entediante. Sem a distinção entre tragédia e comédia, a corte imperial perderia todo o drama e as maquinações que lhes dão vida.

Por outro lado, a emergência da IA como um novo personagem pode representar o evento desencadeador de um novo ato na política humana. Ela poderia transformar a essência e a dinâmica entre os arquétipos humanos já conhecidos. Mas algumas coisas não mudariam: é a finitude da vida humana que sustenta os arcos narrativos, as ascensões e as quedas. Nossa natureza social, moldada pela evolução, dita nossos afetos, nossas ambições e nossos princípios morais.

É justamente essa característica imperfeita da nossa política que devemos preservar e, depois, combinar com a perfeição dos sistemas de IA para que criar uma parceira. Por não carregar as inconsistências da alma humana, a IA será livre de limitações; para o bem e para o mal, nossa instabilidade tem funcionado tanto como um limite sufocante ao nosso potencial quanto como um freio confiável para conter a extensão do nosso mal.

Hoje, o governo dos humanos se baseia em nossa longa experiência com as contingências da história. O valor da IA na governança, até agora dormente, está em seu potencial de conhecimento perfeito. Os líderes humanos da atualidade devem se preparar para serem os primeiros de uma linhagem de soberanos a enfrentar o desafio de encontrar um equilíbrio entre aproveitar as vantagens — e, em alguns casos, a necessidade — da IA na governança, sem, contudo, sucumbir à dependência total, buscando, em vez disso, a síntese adequada entre os extremos do despotismo e da anarquia, unindo a vontade humana, o conhecimento das máquinas e a sabedoria da história.

CAPÍTULO 5

SEGURANÇA

DA RECALIBRAÇÃO DA estratégia militar à reconstituição da diplomacia, a IA se tornará um fator determinante da ordem mundial. Imune ao medo e ao favoritismo, ela introduz uma nova possibilidade de objetividade na tomada de decisões estratégicas. No entanto, essa objetividade, empregada tanto pelo beligerante quanto pelo pacificador, deve preservar a subjetividade da sabedoria humana, essencial para o exercício responsável da força. Mais do que uma descoberta do desconhecido, ela será uma revelação da nossa condição atual; na guerra, a IA trará à tona as melhores e as piores expressões da humanidade. Mesmo antes da implementação de avanços decisivos, surgirá uma compreensão do quanto a IA pode ser, ao mesmo tempo, o instrumento de um conflito e a arquiteta da resolução desse conflito.

A longa luta da humanidade para se organizar em arranjos cada vez mais complexos, de modo que nenhum Estado detenha o domínio absoluto sobre os outros, consolidou-se como uma espécie de lei constante da natureza. Em um cenário em que os principais agentes ainda são os humanos — mesmo contando com o apoio da IA para informar, consultar e oferecer suporte —, devemos continuar a desfrutar de certo grau de estabilidade, fundamentado em normas de conduta compartilhadas entre os envolvidos, sujeitas aos ajustes e às adaptações impostos pelo tempo.

Porém, se a IA emergir como um conjunto de entidades políticas, diplomáticas e militares quase independentes, isso forçaria a substituição do antigo equilíbrio de poder por um novo estado de desequilíbrio ainda desconhecido. O arranjo internacional de Estados-nação — um equilíbrio frágil e internamente mutável alcançado nos últimos séculos — se manteve, em parte, devido à relativa igualdade entre seus participantes. Um mundo de assimetrias severas — por exemplo, se alguns Estados adotassem a IA na liderança política em um ritmo mais acelerado do que outros — seria muito menos previsível. Em cenários nos quais enfrentassem, seja no contexto militar ou diplomático, um Estado altamente capacitado por IA, ou a própria IA, os humanos poderiam parecer indefesos, incapazes não apenas de competir, mas até de sobreviver. Uma ordem intermediária como essa poderia desencadear implosões sociais e uma escalada incontrolável nos conflitos externos.

Há muito tempo, os humanos vão à guerra não apenas por um mínimo de segurança, mas também em busca de triunfo ou em defesa da honra. As máquinas, no entanto, ainda não têm, por enquanto, uma concepção real nem de triunfo nem de honra. Dessa forma, poderiam travar um tipo de guerra sem precedentes na experiência humana. Mas que escolhas fariam as IAs? Será que jamais recorreriam ao conflito, optando por transferências imediatas e calculadas de território, com base em avaliações sofisticadas da vantagem estratégica relativa? Ou será que, ao priorizar apenas o resultado e minimizar a importância individual, desencadeariam guerras que sacrificariam vidas humanas? Em um possível desfecho, nossa espécie poderia emergir tão transformada a ponto de abandonar a brutalidade inerente ao comportamento humano. Em outro, poderíamos acabar tão subjugados que retornaríamos a um passado cruel.

Será que não há outro caminho? Até agora, nem as cautelosas tentativas da diplomacia nem os horrores chocantes da guerra conseguiram, de maneira permanente, incutir nos humanos — e muito menos em outra espécie — uma aversão à destruição. No entanto, seria possível que, graças à era da IA, surjam, enfim, as condições para uma paz duradoura?

ESPIONAGEM E SABOTAGEM

Ao mesmo tempo em que buscam formas de manter a tecnologia sob controle, as nações ainda permanecem obcecadas em "vencer a corrida da IA".[1] Essa reação é, em parte, compreensível. Fatores como cultura, história, comunicação e percepção se combinaram para criar, entre os principais Estados existentes atualmente, um ambiente diplomático marcado por incerteza e desconfiança generalizadas. Como um elemento dominante no futuro global, a IA surge como um ponto de ignição em um cenário já volátil, em que cada nação acredita que qualquer pequena vantagem tática pode ser crucial para assegurar benefícios duradouros no futuro.

Se cada sociedade, atendendo ao instinto de autopreservação, buscar maximizar sua posição unilateral, estarão criadas as condições para um embate psicológico entre forças militares e agências de inteligência rivais — um desafio sem precedentes na história da humanidade. Atualmente, nos anos, meses, semanas e dias que antecedem a chegada da primeira superinteligência, um dilema de segurança de natureza existencial se desenha no horizonte. O primeiro desejo lógico de qualquer agente humano que conquiste essa capacidade pode ser garantir sua existência singular e contínua. Esse mesmo agente também poderia, com razão, supor que seu rival, diante das mesmas incertezas e enfrentando os mesmos riscos, estaria considerando uma estratégia semelhante.

Mesmo que uma nação dominante evitasse recorrer a uma guerra, uma IA superinteligente poderia subverter, sabotar e impedir os avanços de um programa rival. Por exemplo, a IA tem o potencial tanto de tornar vírus convencionais muito mais potentes quanto de camuflá-los com perfeição. Tal como o worm Stuxnet — a arma cibernética que, segundo relatos, destruiu um quinto das centrífugas de urânio de Teerã antes de ser detectada — uma IA agente poderia sabotar secretamente os progressos de um adversário, levando os cientistas inimigos por caminhos de pesquisa infrutíferos.[2]

Com sua capacidade única de explorar as fraquezas da psicologia humana em larga escala, uma IA também teria o potencial de sequestrar a mídia de uma nação rival, gerando uma enxurrada de desinformação sintética tão alarmante que desencadearia uma oposição em massa contra o desenvolvimento das capacidades de IA daquele país. Ou, ainda, ela poderia direcionar comunicações personalizadas ao principal cientista de IA de outra nação, manipulando a percepção desse indivíduo a tal ponto que o sofrimento pessoal acabasse comprometendo sua capacidade de liderança eficaz.

Avaliar os avanços da concorrência será ainda mais desafiador. Atualmente, os maiores modelos de IA já estão sendo treinados em redes seguras, desconectadas do restante da internet. Alguns executivos acreditam que, mais cedo ou mais tarde, o desenvolvimento da IA migrará para bunkers impenetráveis, nos quais supercomputadores serão alimentados por reatores nucleares.[3] Já existem centros de dados sendo construídos no fundo do oceano.[4] Em breve, eles poderão ser isolados em órbitas ao redor da Terra. Cada vez mais, empresas ou nações podem optar por "desaparecer de vista", deixando de publicar pesquisas sobre IA, não apenas para evitar que agentes mal-intencionados se beneficiem (como alegam publicamente), mas também para ocultar o verdadeiro ritmo de seu progresso (sua real intenção). Para esconder a verdadeira dimensão de seu progresso, alguns poderão recorrer à publicação deliberada de pesquisas enganosas, com a própria IA auxiliando na criação de farsas convincentes.

Há um precedente para esse tipo de subterfúgio científico: em 1942, o físico soviético Georgy Flyorov deduziu, corretamente, que os Estados Unidos estavam construindo uma bomba nuclear ao notar que norte-americanos e britânicos de repente haviam parado de publicar artigos científicos sobre fissão atômica.[5] No entanto, hoje, uma competição semelhante seria ainda mais imprevisível, dada a complexidade e a ambiguidade de medir o progresso em algo tão abstrato quanto a inteligência. Embora alguns associem o tamanho de seus modelos de IA a uma "vantagem", um modelo maior não é necessariamente superior em todos os contextos e pode não superar modelos menores e aparentemente inferiores implementados em larga escala. Máquinas de IA menores e mais especializadas poderiam operar como um enxame de drones contra um porta-aviões — incapazes de destruí-lo, mas suficientes para neutralizar grande parte de sua capacidade.

Para alguns agentes, a conquista de determinada capacidade seria vista como sinal de grande vantagem. O problema com esse tipo de raciocínio é que *IA* é apenas um processo de aprendizado de máquina, incorporado não a uma única tecnologia, mas a um amplo espectro de tecnologias. Assim, a capacidade em uma área específica pode ser impulsionada por fatores completamente distintos daqueles que determinam a capacidade em outra. Nesse sentido, qualquer "vantagem", tal como costuma ser estimada, pode se revelar ilusória.

Além disso, como demonstrado pela inesperada explosão exponencial das capacidades da IA nos últimos anos, a trajetória do progresso não é linear nem previsível. Ao olhar para o futuro, os especialistas continuam a divergir sobre o desenvolvimento da superinteligência: trata-se apenas de uma questão de escalonamento e implementação das infraestruturas de aprendizado existentes, ou isso exigirá inovações criativas e científicas adicionais?[6] É possível que a transição da inteligência estreita para a inteligência geral, e desta para a superinteligência, ocorra sem sinais evidentes de evolução — especialmente se os seres humanos não desenvolverem uma concepção clara e uniforme do que devem observar. Mesmo que um agente possa ser considerado "líder" em relação a outro com uma vantagem de anos ou meses, um avanço técnico ou teórico repentino, em uma área-chave e em um momento crítico, poderia inverter completamente a posição de todos os competidores.

Em um mundo onde nenhum líder pudesse confiar plenamente em seus relatórios de inteligência, em seus instintos mais primitivos ou nem sequer na própria realidade, seria impossível culpar qualquer um dos competidores na corrida pela superinteligência por adotar uma postura de extrema paranoia e desconfiança. Não há dúvidas de que líderes já estão tomando decisões estratégicas com base na suposição de que seus empreendimentos estão sob vigilância ou contêm distorções causadas por influências maliciosas. Ao presumir sempre o pior cenário, o cálculo estratégico de qualquer agente na vanguarda seria priorizar a velocidade e o sigilo em detrimento da segurança. Diante da incapacidade humana de detectar ou se defender contra tentativas de supressão viabilizadas por IA, os líderes poderiam ser dominados pelo temor de que, nessa corrida, não existe segundo lugar. Sob pressão, talvez optassem por apressar a implementação prematura da IA como estratégia de dissuasão diante de possíveis ameaças externas.

Hoje, ainda estamos sob um véu involuntário de ignorância. Os vencedores (se é que é possível definir o que significa "vencer") da competição pela supremacia em IA ainda são desconhecidos. Cada iniciativa que busca ocupar a posição de liderança é um potencial rival. Essa incerteza gerará instabilidade.

Tradicionalmente, após o surgimento de uma nova potência, é necessário um confronto sangrento antes que os rivais consigam se acomodar em um novo status quo minimamente aceitável para todas as partes. No entanto, em um mundo onde armas nucleares coexistem com a rápida reconfiguração provocada pela IA, pode não haver oportunidade de validar um novo consenso por meio dos princípios e dos instrumentos tradicionais de guerra.

Caso um vencedor se consolide, a mera competição poderia degenerar em conflitos alimentados por desespero e medo. Nesse cenário, a certeza pode ser ainda mais desestabilizadora do que a precaução. Quando combinadas, dissuasão eficaz, velocidade ilimitada e precisão absoluta se traduzem em completa vitória. Ao longo da história, tentativas de monopolizar o uso da força costumam desencadear, como consequência, a proliferação de planos sombrios por parte de outros agentes. Quando tais capacidades são analisadas no contexto de um mundo em precário equilíbrio, alguns Estados podem julgar o advento da IA como uma ameaça tão grave a ponto de justificar uma resposta nuclear. Será que, ao tornar as guerras convencionais obsoletas, a IA nos arrastará de volta a uma era de conflitos nucleares?

Em corridas armamentistas anteriores, o instinto evolutivo aliado à competição entre inventores permitiu a criação e o aperfeiçoamento de instrumentos destinados à preservação das sociedades nacionais. Da mesma forma, sistemas defensivos baseados em IA também poderiam neutralizar ataques adversários — por exemplo, ao atualizar softwares e sistemas vulneráveis ou, caso sejam encarregados da vigilância de programas concorrentes, ao atuar como um sistema de alerta precoce. No entanto, nesse caso, novas ameaças — como uma arma biológica viabilizada por IA, uma súbita proliferação nuclear ou até uma IA desalinhada — podem surgir de maneira muito rápida e silenciosa e causar tamanha devastação, que inviabilizariam qualquer resposta.

Embora talvez ainda não tenhamos chegado a esse momento, é essencial nos prepararmos com antecedência para lidar com a competição existencial da era da IA e os riscos que a acompanham. Um participante determinado ou desesperado, com força inferior, porém ainda considerável, estará atento à ascensão de IAs superiores. Se esse agente secundário perceber — mesmo que erroneamente — que o dominante está prestes a alcançar uma capacidade totalizante, ele poderá lançar ataques preventivos, sejam cibernéticos ou físicos, desencadeando um ciclo de escalada e retaliação inimagináveis, com a crescente possibilidade de destruição mútua.

Ao menos por ora, nossa incerteza proporciona um lampejo de esperança. A ambiguidade pode ser um terreno fértil para o diálogo. Sem clareza sobre quais nações ou grupos poderiam ser favorecidos ou prejudicados pelas decisões tomadas hoje em relação à IA, os líderes globais ainda dispõem de uma janela de oportunidade para promover discussões pautadas na sobrevivência coletiva da humanidade.

ADMINISTRANDO A ASCENSÃO

Se o futuro for uma competição para se chegar a uma única inteligência perfeita e indiscutivelmente dominante, parece provável que a humanidade acabará perdendo o controle de uma corrida existencial entre múltiplos agentes — ou sofrerá as consequências do exercício de uma hegemonia suprema por parte de um vencedor não limitado pelos freios e contrapesos tradicionais. Quanto mais estreita for a margem dessa vitória, maior será a probabilidade de erro humano.

A unipolaridade pode ser um caminho para minimizar o risco de extinção. Se o líder vigente conseguisse ampliar sua vantagem até um ponto em que nenhum outro ente acreditasse ser possível alcançá-lo, talvez houvesse uma maior garantia de estabilidade. Ao menos por um tempo, a base da ordem mundial — a busca incessante por equilíbrios transitórios e frágeis entre forças equivalentes — talvez já não seja mais desejável.

Por outro lado, talvez fosse possível — embora condicionado à supressão dos instintos humanos naturais — negociar um acordo entre entidades concorrentes para garantir um período de cooperação preestabelecido ou até a fusão de múltiplos esforços concorrentes em uma única iniciativa. No entanto, alcançar a unificação em meio a hostilidades geopolíticas e comerciais exigiria coragem e visão de futuro extraordinárias. Qualquer agente que ocupasse uma posição de liderança ou próximo disso esperaria ser incluído no círculo dos vencedores. Dentro dessa categoria privilegiada, os agentes indecisos ou ainda em desvantagem obteriam os maiores benefícios ao aderir ao acordo, galgando posições para alcançar a paridade e, possivelmente, superar os demais. Em contrapartida, outros líderes talvez considerassem intolerável o sacrifício de sua posição dominante, e sua confiança no altruísmo poderia se revelar frágil demais para resistir à tentação de uma deserção total.

Uma opção semelhante seria a negociação para distribuir e delegar o poder. Quando convencido de que a vitória é iminente, o agente em melhor posição poderia tentar persuadir seus rivais a se renderem, garantindo-lhes acesso privilegiado à IA superinteligente. No entanto, jamais houve confiança duradoura no compromisso humano com seus semelhantes, muito menos entre antigos adversários. Mesmo que conseguíssemos, contra todas as probabilidades, forjar tal acordo, não está claro como sua implementação seria administrada.

De fato, simplesmente unir os picos mais altos da "ilha" do conhecimento poderia agravar as mesmas dinâmicas que sua consolidação visava evitar desde o início. Não há registro de uma tentativa desse tipo na história humana, muito menos de seu sucesso. Além disso, tal arranjo exigiria uma reorientação drástica da estratégia diplomática. Historicamente, a própria base da ordem mundial tem sido sustentada pela busca incessante de um equilíbrio delicado entre forças equivalentes. Nesse novo cenário, em contraste, os Estados-nação estariam buscando uma estabilidade hegemônica, desconhecida na prática humana. O bloco dominante de Estados provavelmente seria composto pelos criadores originais dos sistemas de IA, os fornecedores de seus componentes mais críticos e os produtores dos talentos responsáveis por seu desenvolvimento e aprimoramento. A maioria não dominante poderia ser relegada a uma condição secundária, fornecendo dados e outros recursos e sendo recompensada com algum nível de acesso às descobertas, aos sistemas de governança e às defesas da IA.

De qualquer forma, esse cenário não é nem nossa preferência nem nossa previsão. Acreditamos que não haverá apenas uma IA suprema no mundo, mas, sim, múltiplas instâncias de inteligência superior. Nesse contexto, surge um cenário diferente de futuros possíveis. Nossas criações mais poderosas, atuando como forças compensadoras, poderiam estar mais bem preparadas do que nós para exercer e manter um ponto de equilíbrio nos assuntos globais — inspiradas (mas não limitadas) pelo precedente humano. Assim, a inteligência não humana poderia ser capaz de gerir a própria ascensão, ao menos nas áreas de segurança nacional e geopolítica.

Porém, será que a IA seria capaz de arquitetar uma divisão de dominância sustentável? Possivelmente, sim. As negociações diplomáticas, sob suas camadas de emoção e psicologia humanas, são, em essência, uma aplicação da teoria dos jogos, a qual, por sua vez, é um ramo da matemática. Mesmo que a prática da diplomacia tenha se originado como uma forma de arte (ainda que exclusiva ao âmbito do comportamento humano), é possível que ela venha, gradualmente, a se transformar em ciência. Nesse processo, a diplomacia poderia transcender o inconsistente histórico da atuação humana no que diz respeito à identificação e à busca de oportunidades de compromisso. Modelos iniciais de IA no Ocidente já demonstraram grande potencial em sua capacidade de aplicar estratégias — ao menos em jogos —, enquanto a China deu um passo além, empregando inteligência artificial para desempenhar funções de diplomatas humanos.[7]

A tradição humana da diplomacia surgiu com a necessidade básica de transmitir mensagens entre sociedades de maneira segura e confiável. Gradualmente, emissários estrangeiros passaram a receber tratamento especial, enquanto os Estados que violavam essas novas normas raramente escapavam de sanções. Quando os representantes de Xerxes exigiram símbolos de submissão das cidades-estado gregas, os diplomatas persas foram lançados em fossos e poços. Heródoto relata que os deuses posteriormente puniram Esparta por esse ato.[8] Cerca de dezessete séculos depois, quando um diplomata mongol de alto escalão foi executado por ordem de um xá persa, Gêngis Khan ordenou que sua temida horda destruísse todo o império corásmio como retaliação.[9] Ainda assim, manter os canais de comunicação abertos, mesmo — e especialmente — em tempos de guerra, tornou-se uma prática comum. Com o tempo, formou-se um consenso básico de que poderia ser melhor ouvir a mensagem do que matar o mensageiro.

Se passassem a conduzir a diplomacia entre si, as IAs poderiam ser deliberadamente treinadas a adotar os mesmos costumes ou, talvez, desenvolvessem um viés em favor de informações adicionais garantidas por esses costumes. Sem dúvida, também haveria aberrações. Ainda que nenhuma cabeça rolasse, as máquinas poderiam encontrar um modo equivalente de perseguir os próprios interesses. Nesse contexto, sua racionalidade total — caso os humanos consigam aceitá-la — poderia aumentar a probabilidade de, ao menos, um início mais seguro.

No entanto, a implementação de soluções automatizadas para problemas humanos tão fundamentais quanto a diplomacia e a segurança levará, inevitavelmente, a uma maior dependência das capacidades da IA — uma dependência difícil de romper caso a intervenção humana decisiva nos assuntos internacionais se torne necessária. Pelo menos, a arte humana de governar, ainda que aplicada de maneira imperfeita, nos impôs a responsabilidade pelas próprias escolhas. Por outro lado, optar por depender da IA pode reduzir nossa capacidade de confiar no julgamento humano básico, com o qual conseguimos subsistir com relativa segurança em um passado mais previsível, embora primitivo.

Por que correr esse risco? Em primeiro lugar, para evitar o dilema da competição mutuamente destrutiva ou da hegemonia gerada por uma superinteligência emergente, mas também para nos proteger contra outras ameaças que se aproximam no horizonte. A cada ano que passa, a cada novo avanço tecnológico, o limiar para a destruição total da sociedade humana se aproxima mais.

Na mitologia nórdica, o deus Odin e a rainha Frigg se desesperam ao tomar conhecimento das profecias sobre a trágica morte de seu filho, Baldur.[10] Determinada a protegê-lo de um destino cruel, a rainha Frigg viajou incansavelmente pelos nove reinos da Terra, lançando feitiços poderosos sobre cada animal, elemento, planta e praga, de modo que nada pudesse ser usado como arma contra seu filho. Mas o trapaceiro deus Loki, disfarçado de idosa, conseguiu arrancar da rainha a informação de que seu manto de proteção divina abrangia tudo o que havia na Terra — exceto o visco, a mais inofensiva das ervas. Em um banquete para celebrar a invulnerabilidade de Baldur, os deuses, para demonstrar o excelente trabalho da rainha, se revezaram ao lançar contra ele armas de todo tipo. Loki, então, induziu o irmão cego, Hodr, a atirar uma flecha envenenada com visco, que perfurou o peito de Baldur e o matou com o único item em Valhalla não contemplado pela proteção mágica da rainha.

O significado desse antigo mito para nosso dilema moderno é simples e assustador: à medida que as ameaças se tornam cada vez mais obscuras e sofisticadas, as defesas da humanidade precisam ser cada vez mais perfeitas, pois o menor erro ou omissão pode significar a derrota. E, para alcançar esse nível de perfeição, talvez precisemos da assistência da IA.

O desafio, portanto, é avaliar qual desses riscos apresenta menor gravidade e, por isso, deve ser o primeiro a ser enfrentado: o desenvolvimento da inteligência artificial; o surgimento de outras revoluções tecnológicas, como a biologia sintética; ou o advento de potenciais catástrofes, como mudanças climáticas extremas. É verdade que IAs de menor escala podem facilitar a invenção imprudente de tecnologias existenciais; mesmo que os criadores desses novos meios fossem perfeitamente regulamentados e agissem com responsabilidade, outros provavelmente seriam menos cautelosos e mais perigosos. No entanto, IAs mais avançadas poderiam ajudar a nos defender contra essas mesmas tecnologias, permitindo um grau real de perfeição na tomada de decisões táticas em contextos defensivos.

Por exemplo, caso fosse desenvolvida, uma biodefesa individualizada — na qual nanorrobôs habilitados por IA seriam implantados em nossa corrente sanguínea para remover qualquer elemento que não correspondesse a uma bioassinatura reconhecida — seria uma resposta mais ágil e eficaz do que nossas abordagens anteriores contra ameaças biológicas. Da mesma forma, a IA pode gerar novos materiais e processos para reduzir as emissões de carbono, diminuindo o risco de catástrofes climáticas.

Sem dúvida, há um risco em permitir que a IA assuma precocemente a responsabilidade definitiva pela espécie e pelas sociedades que a conceberam. No entanto, os caminhos tradicionais, que exigem perfeição no desempenho humano, podem ser ainda mais arriscados. Na perspectiva atual, o ideal seria que a IA estivesse operando antes, e não depois, de a humanidade precisar enfrentar a proliferação de novas ameaças à sua sobrevivência.[11] Com base nessa premissa, a pergunta a ser feita é: como os humanos podem acelerar apenas os caminhos desejáveis para a IA e, ao mesmo tempo, retardar os indesejáveis?

A IA é uma força desestabilizadora que atua de maneira indiscriminada; seu surgimento, se não for controlado, representa um imenso risco tanto para seus criadores quanto para seus usuários. E é justamente isso que pode levar rivais inicialmente relutantes a considerar acordos que, de outra forma, pareceriam implausíveis. Acreditamos que, na diplomacia, na defesa e, talvez, em outros domínios, alguns dos riscos da IA só poderão ser gerenciados com sucesso pela própria IA. A caixa de Pandora já foi aberta; e, mesmo que não fosse o caso, os benefícios da IA ainda parecem superar os riscos.

Defendemos, portanto, que nosso “mundo vulnerável” (para usar uma expressão de Nick Bostrom) talvez exija a intervenção da IA para sobreviver a alguns dos desafios e das ameaças decorrentes do seu próprio desenvolvimento tecnológico.[12] Resta a pergunta: como os seres humanos devem se comportar diante de um futuro que, ao mesmo tempo, exige e proíbe a continuidade de nosso controle?

UM NOVO PARADIGMA DA GUERRA

Durante quase toda a história humana, guerras foram travadas em espaços definidos, nos quais era possível conhecer, com razoável certeza, a capacidade e a posição das forças inimigas hostis. A combinação desses dois fatores proporcionava a cada lado uma sensação de segurança psicológica e consenso, permitindo a restrição consciente da letalidade. Somente quando líderes esclarecidos partilhavam uma noção comum de como uma guerra *poderia* ser travada era possível decidir se ela *deveria* ocorrer.

Velocidade e mobilidade têm sido alguns dos fatores mais previsíveis na determinação da eficácia de qualquer equipamento militar. Um dos primeiros exemplos dessa dinâmica é o surgimento do canhão. Por um milênio após sua construção, as Muralhas de Teodósio protegeram a grandiosa cidade de Constantinopla contra invasores externos. Então, em 1452, um engenheiro de artilharia do Reino da Hungria — na época sob suserania bizantina — propôs ao imperador Constantino XI a construção do basilisco, um canhão gigante que, disparado de trás das muralhas defensivas, pulverizaria os invasores. No entanto, o imperador, orgulhoso e desprovido dos meios materiais ou da visão necessária para reconhecer a importância da tecnologia, rejeitou a proposta.

Infelizmente para ele, o engenheiro húngaro revelou-se um mercenário político: mudando de tática (e de lado), ele aprimorou seu projeto para torná-lo mais móvel — transportado por nada menos do que 60 bois e 400 homens — e se apresentou ao rival do imperador, o sultão otomano Maomé II, que se preparava para sitiar a fortaleza considerada impenetrável. Conquistando o interesse do jovem sultão com a alegação de que seu canhão poderia "destruir até os muros da Babilônia", o engenheiro húngaro ajudou as forças turcas a derrubar as milenares muralhas de Constantinopla em apenas 55 dias.[13]

Os contornos desse drama do século XV se repetem ao longo da história. No século XIX, a velocidade e a mobilidade transformaram, primeiro, o destino da França, quando a Grande Armée de Napoleão dominou a Europa, e depois o da Prússia, sob a liderança de Helmuth von Moltke (o Velho) e Albrecht von Roon, que exploraram o recém-criado sistema ferroviário e adotaram o controle descentralizado para permitir manobras mais rápidas e flexíveis. Da mesma forma, a blitzkrieg — uma evolução desses mesmos princípios militares alemães — seria empregada contra os Aliados na Segunda Guerra Mundial com grande eficácia e devastação.

Na era da guerra digital, a "guerra-relâmpago" ganhou novo significado — e ubiquidade. A velocidade se tornou instantânea. Os adversários não precisam sacrificar a letalidade em prol da mobilidade, pois a geografia já não é um obstáculo. Embora, em grande parte, essa combinação tenha favorecido amplamente a ofensiva nos ataques digitais, a era da IA pode aumentar a velocidade da resposta e restabelecer capacidades defensivas cibernéticas à altura das ofensivas.

Na guerra cinética, a IA provocará um novo salto evolutivo. Os drones, por exemplo, serão extremamente rápidos e dotados de mobilidade inimaginável. Quando a IA for implementada não apenas para guiar um único drone, mas, sim, comandar frotas inteiras, nuvens de drones voarão em sincronia como um coletivo coeso em perfeita coordenação. No futuro, enxames de drones serão capazes de desagrupar e se reorganizar sem esforço, formando unidades de qualquer tamanho — assim como as forças especiais de elite são organizadas por meio de destacamentos escaláveis, cada um capaz de operar sob comando autônomo.

Além disso, a IA fornecerá defesas igualmente rápidas e flexíveis. Frotas de drones são difíceis, senão impossíveis, de serem abatidas com projéteis convencionais. No entanto, armas habilitadas por IA, disparando feixes de fótons e elétrons (em vez de munição tradicional), poderiam reproduzir os mesmos efeitos letais de uma tempestade solar, capaz de fritar os circuitos de satélites desprotegidos. Mais uma vez, velocidade e mobilidade ultrapassarão a capacidade humana — e poderão se igualar tanto na defesa quanto no ataque.

Com velocidade e mobilidade deixando de ser variáveis determinantes, a diferença de capacidade entre entidades concorrentes passará a depender da precisão, do impacto imediato e da aplicação estratégica.

As armas habilitadas por IA terão uma precisão sem precedentes. Durante muito tempo, os limites do conhecimento da geografia inimiga restringiram as capacidades e as pretensões de qualquer parte envolvida em um conflito. No entanto, a aliança entre ciência e guerra tem garantido um aumento contínuo da precisão dos instrumentos de combate, e a IA promete impulsionar mais um avanço — ou vários. A IA reduzirá significativamente a lacuna entre a intenção original e o resultado, inclusive na aplicação de força letal. Seja na forma de enxames de drones terrestres, corpos mecânicos implantados no mar ou até frotas interestelares, as máquinas terão capacidades altamente precisas para eliminar alvos humanos com um grau mínimo de incerteza e um impacto ilimitado. Os limites da destruição dependerão apenas da vontade — e da moderação — tanto humana quanto mecânica.

Diante disso, a era da guerra habilitada por IA será reduzida, principalmente, a uma avaliação não das capacidades do adversário, mas das intenções e de suas aplicações estratégicas. De certo modo, já entramos nessa fase na era nuclear — mas suas dinâmicas e implicações se tornarão muito mais nítidas à medida que a IA provar seu valor como arma de guerra. Assim, a questão central passa a ser: quais serão os desejos e as exigências dos comandantes habilitados por IA?

Com uma tecnologia tão valiosa em jogo, é improvável que os humanos sejam considerados alvos primários da guerra conduzida por IA. Na verdade, as IAs poderiam remover os humanos como intermediários nos conflitos, tornando a guerra menos letal, mas não necessariamente menos decisiva. Da mesma forma, é pouco provável que o território em si seja motivo para ataques promovidos por IA — mas centros de dados e outras infraestruturas digitais críticas certamente seriam alvos. (A tendência é que supercomputadores sejam mantidos escondidos e o armazenamento de inteligências seja distribuído para garantir maior continuidade operacional e proteção contra um "ataque de decapitação" mecânico.)[14]

A rendição, então, não ocorrerá quando o número de oponentes for reduzido e os arsenais inimigos esgotados, mas quando seu escudo de silício se tornar incapaz de proteger seus ativos tecnológicos e, por fim, seus representantes humanos. A guerra poderá evoluir para um jogo de fatalidades puramente mecânicas, no qual o fator decisivo será a força psicológica do humano (ou da IA) que terá que decidir entre arriscar tudo ou se render para evitar a destruição total.

Até a motivação que regeria o novo campo de batalha seria, em certa medida, estranha para nós. G. K. Chesterton escreveu: "O verdadeiro soldado não luta porque odeia o que está à sua frente, mas porque ama o que ficou para trás".[15] Uma guerra conduzida por IA dificilmente envolverá amor ou ódio, muito menos uma noção de bravura militar. Por outro lado, ainda pode incorporar elementos como ego, identidade e lealdade — ainda que a natureza dessas identidades e lealdades talvez não corresponda à que conhecemos hoje.

Na guerra, o cálculo sempre foi relativamente simples: o lado que primeiro considerar intoleráveis os sofrimentos infligidos pelo inimigo se torna suscetível à conquista e à submissão, e só então, talvez, se disponha à negociação. A consciência das próprias limitações tem sido um fator confiável e natural para a moderação. Sem essa autoconsciência e sem qualquer percepção da dor (e, portanto, sem intolerância), resta a dúvida se existe algo — e o que seria — capaz de motivar a moderação por parte de uma IA de guerra e o que determinaria o fim dos conflitos travados por ela. Uma IA programada para jogar xadrez, se nunca fosse informada das regras que ditam o término da partida, jogaria até o último peão?

REESTRUTURAÇÃO GEOPOLÍTICA

Em todas as eras da humanidade, quase como se obedecesse a uma lei natural, surgiu — como um dos autores deste livro certa vez afirmou — uma unidade "com o poder, a vontade e o ímpeto intelectual e moral para moldar todo o sistema internacional de acordo com os próprios valores".[16] Após o surgimento desse ente, outras unidades passam a se conectar por meio de arranjos inéditos, criando dependências imprevisíveis em tempos de crise e representando uma constante ameaça aos equilíbrios geopolíticos de poder. Em alguns casos, o sistema resultante derruba autoridades estabelecidas; em outros, as consolida.

O arranjo mais familiar das civilizações humanas é o sistema vestfaliano, conforme tradicionalmente entendido. No entanto, a ideia do Estado-nação soberano tem apenas alguns séculos de existência, tendo surgido a partir dos tratados coletivamente conhecidos como a Paz de Vestfália, em meados do século XVII. Essa forma de organização social não é uma unidade preordenada — e pode não ser adequada para a era da IA. Na verdade, à medida que a desinformação em massa e a discriminação automatizada provocam uma perda de confiança nesse modelo, a IA pode representar um desafio inerente ao poder dos governos nacionais. Para agravar ainda mais essa questão, há a desorientação psicológica e o possível afastamento da realidade já discutidos. Por outro lado, a IA pode redefinir as posições relativas dos competidores dentro do sistema atual. Se seus poderes forem aproveitados principalmente pelos próprios Estados-nação, a humanidade poderá ser levada a uma estabilidade hegemônica ou a um novo equilíbrio entre Estados-nação empoderados pela IA. No entanto, a IA também pode ser o catalisador de uma transformação ainda mais profunda — uma transição para um sistema completamente novo, no qual os governos nacionais seriam forçados a abandonar seu papel central na infraestrutura política global.

Uma possibilidade é que as empresas que utilizam e desenvolvem IA acumulem poder totalizante nos âmbitos social, econômico, militar e político. Os governos atuais são obrigados a lidar com a delicada posição de atuar como apoiadores e incentivadores de corporações privadas — emprestando seu poder militar, capital diplomático e influência econômica para promover interesses nacionais — e, ao mesmo tempo, como defensores do cidadão comum, que muitas vezes enxerga essas empresas com desconfiança, associando-as à ganância monopolista e à falta de transparência. Essa contradição pode se revelar insustentável. Além disso, como detalhado anteriormente, a ascensão da IA tornará a governança por qualquer instituição estabelecida ainda mais desafiadora.

Simultaneamente, corporações poderiam formar alianças para consolidar seu já considerável poder. Essas parcerias poderiam ser motivadas por vantagens complementares e lucro ou por uma visão compartilhada sobre o desenvolvimento e a implementação de sistemas de IA. Esses conglomerados corporativos podem assumir funções tradicionalmente exercidas pelos Estados-nação, porém, em vez de delimitar e expandir territórios físicos, exerceriam influência por meio de redes digitais descentralizadas.

Ainda há outra alternativa. A disseminação descontrolada e open-source da IA poderia dar origem a grupos ou facções menores com capacidades de IA inferiores, mas ainda substanciais, suficientes para administrar, prover e se defender dentro de um escopo limitado. Entre grupos humanos que rejeitam a autoridade estabelecida em favor de formas de finanças descentralizadas, comunicação e governança, poderia prevalecer uma protoanarquia. Outra possibilidade seria esses grupos incorporarem uma dimensão religiosa, talvez impulsionada por uma das concepções de IA e divindade exploradas em capítulo anterior. Afinal, em termos de alcance, cristianismo, islamismo e hinduísmo foram todos maiores e mais duradouros do que qualquer Estado na história. Na era que está por vir, é possível que a afiliação religiosa — mais do que a cidadania nacional — se revele o referencial mais relevante para a identidade e a lealdade.

Em qualquer desses cenários — seja um futuro dominado por alianças corporativas ou fragmentado em coletividades religiosas informais — o novo "território" reivindicado por cada grupo, passível de desencadear conflitos, não seriam extensões de terra, mas, sim, dispositivos digitais, simbolizando a lealdade de seus usuários individuais. As conexões entre esses usuários e qualquer forma de administração — inevitavelmente influenciadas pelo complexo impacto da IA sobre o status dos governos centralizados tradicionais — subverteriam a noção clássica de cidadania, e os acordos entre essas entidades seriam diferentes das alianças convencionais.

Historicamente, alianças forjadas por líderes individuais serviram para fortalecer nações em caso de guerra. Em contraste, em tempos de paz, a possibilidade de cidadanias e alianças — e talvez empreitadas expansionistas ou cruzadas ideológicas — estruturadas em torno das opiniões, crenças e identidades subjetivas de pessoas comuns exigiria uma nova (ou talvez muito antiga) concepção de império. Essa hipótese também forçaria uma reavaliação das obrigações inerentes à lealdade e dos custos associados à evasão, se é que ainda haverá essa opção em um futuro entrelaçado com a IA.

PAZ E PODER

As políticas externas dos Estados-nação e, por consequência, os sistemas internacionais foram construídos e ajustados ao longo do tempo por meio do equilíbrio entre idealismo e realismo. Em retrospecto, os equilíbrios temporários alcançados por nossos líderes não são vistos como estados finais, mas apenas estratégias efêmeras (ainda que necessárias) para seu momento histórico. A cada nova era, essa tensão gera diferentes expressões do que constitui a ordem política. Um líder não pode simplesmente implementar uma opção dentro de um espectro já existente e previamente considerado. Em vez disso, os governantes devem tomar ao menos algumas decisões que derivem (ou aparentem derivar) da inspiração — muitas vezes incentivando a busca por objetivos que ultrapassam os limites da realização prática.

A dicotomia entre a busca por interesses e a busca por valores — ou entre a vantagem de um Estado-nação específico e o bem global — tem sido parte dessa contínua evolução. Na condução de sua diplomacia, líderes de Estados menores historicamente responderam de maneira direta, priorizando as necessidades imediatas da própria sobrevivência. Em contraste, os responsáveis por impérios globais, dotados dos meios para perseguir objetivos adicionais, enfrentaram dilemas muito mais angustiantes.

Desde o início da civilização, à medida que as unidades de organização humana aumentavam de tamanho, atingiam novos níveis de cooperação. No entanto, hoje, talvez devido à escala dos desafios planetários e às evidentes desigualdades materiais entre os Estados e dentro deles, surgiu uma reação contrária a essa tendência. Será que as IAs poderiam se provar à altura dessa escala ainda mais ampla de governança humana, capazes de enxergar com detalhamento e precisão a dinâmica global — e não apenas as necessidades de cada nação? Poderíamos confiar nelas para calcular — com precisão jamais alcançada — não só nossos interesses e valores, mas também a proporção e a relação adequadas entre eles?

Seria irreal esperar, como um dos autores deste livro já afirmou, que os líderes humanos sempre tendem a "restringir suas ações a situações nas quais suas posições morais, legais e militares estejam completamente em harmonia e a legitimidade esteja mais alinhada com os requisitos da sobrevivência".[17] Para os humanos, essa premissa continua válida. No entanto, nutrimos a esperança de que as IAs, empregadas para fins políticos tanto no cenário doméstico quanto no internacional, sejam capazes de transcender a mera análise de concessões equilibradas. Idealmente, elas poderiam fornecer novas soluções otimizadas em escala global, operando em um horizonte temporal mais amplo e resolução mais precisa do que os humanos são capazes de alcançar — e, assim, alinhar interesses humanos concorrentes. No mundo que se aproxima, inteligências artificiais encarregadas de lidar com conflitos e negociar a paz poderão ajudar a elucidar, ou até resolver, os dilemas que desafiam a humanidade.

No entanto, se a IA realmente corrigisse problemas que esperávamos resolver sozinhos, poderíamos enfrentar uma crise de confiança — ou melhor, de excesso de confiança por parte de alguns e de falta de confiança por parte de outros. Para os confiantes, ao compreenderem os limites de nossa capacidade de autocorreção, pode ser difícil admitir que cedemos poder demais à suposta sabedoria das máquinas na gestão de questões existenciais do comportamento humano. Para os descrentes, a simples constatação de que a remoção do fator humano na gestão de nossos assuntos foi o suficiente para que os problemas mais complexos fossem solucionados pode escancarar as fragilidades de nossa espécie. Se a paz sempre foi uma questão de mera escolha voluntária, então o preço da imperfeição humana tem sido pago com a moeda da guerra eterna. Saber que uma solução sempre existiu, mas nunca foi concebida por nós, seria um golpe devastador para o orgulho humano.

Essa é uma das manifestações mais pungentes do dilema da dependência — e da consequente percepção de inferioridade — explorado em outro capítulo. No entanto, no caso da segurança, ao contrário de nossa substituição em empreendimentos científicos ou acadêmicos, talvez estejamos mais inclinados a aceitar a imparcialidade de uma terceira parte mecânica como sendo necessariamente superior ao egoísmo humano — do mesmo modo que reconhecemos a necessidade de um mediador em um divórcio contencioso. Acreditamos, e esperamos, que nesse caso alguns de nossos piores atributos possam nos permitir expressar nossas melhores qualidades: que o instinto humano para agir em benefício próprio — mesmo em detrimento de outras pessoas — possa nos preparar para aceitar que a IA transcenda essa limitação.

CAPÍTULO 6

PROSPERIDADE

O ÉPICO NACIONAL FINLANDÊS *Kalevala* começa com Väinämöinen — o primeiro homem a trazer árvores e vida a um mundo até então estéril — naufragado nas margens da longínqua Pohjola, após uma exaustiva derrota em uma batalha no mar.[1] Após cuidar do herói e recuperar a saúde, Louhi, a rainha maligna que governa a sombria e misteriosa terra de Pohjola, exige um pagamento em troca de sua libertação. Não satisfeita com simples ouro ou prata, a velha feiticeira do norte pede algo que, até então, existia apenas em mitos: o Sampo, uma máquina mágica capaz de prover, para quem a possuísse, uma fonte inesgotável de riqueza.

Junto com seu irmão Ilmarinen — o arquiteto da abóbada celestial e o único capaz de criar algo semelhante ao

Sampo — Väinämöinen firma um acordo com a poderosa feiticeira, prometendo que, se ela o libertasse, ele honraria sua dívida enviando o irmão em seu lugar. Louhi, então, seduz Ilmarinen com a promessa de conceder a mão de uma de suas belas filhas em casamento; entusiasmado, o mestre artesão obedece às ordens da feiticeira sem hesitar.

Invocando ventos divinos para alimentar os foles durante três dias, o eterno ferreiro produz os materiais mais refinados do reino — "as pontas das penas de um cisne branco, o leite dos mais virtuosos, um único grão de cevada e a mais pura lã de cordeiro" — e os transforma no Sampo, adicionando torneiras que despejam um suprimento inesgotável de grãos, sal e moedas.[2] Mas, assim que Ilmarinen retira a máquina geradora de riquezas das chamas da fornalha, Louhi a arranca de suas mãos com deleite e a tranca em um cofre no interior de uma montanha. A partir de então, Pohjola prospera graças aos ilimitados poderes de produção do Sampo, enquanto a Ilmarinen resta apenas a amargura e a desilusão.

Muitos anos depois, Ilmarinen e Väinämöinen retornam juntos para corrigir a injustiça da feiticeira. Ao chegarem ao reino da abundância, ameaçam tomar o Sampo à força caso não recebam metade dos lucros. Uma batalha feroz se desenrola no mar e, em meio ao caos, o Sampo afunda nas profundezas escuras do oceano, onde permanece inalcançável, gerando riquezas e produtos sem um mestre, tornando a água do mar salgada até os dias atuais.

Existem histórias semelhantes, que descrevem máquinas de abundância, em diversas culturas ao redor do mundo:

o Akshaya Patra, um vaso de cobre sem fundo descrito no épico hindu *Mahabharata*; o Caldeirão da Abundância do deus Dagda, na mitologia irlandesa; e o *Uchide-no-kozuchi*, um martelo mágico do folclore japonês, capaz de "materializar" qualquer coisa a um simples comando, incluindo casas, roupas e até seres humanos.[3]

Os desenvolvedores de IA da atualidade acreditam que sua criação será esse celeiro inesgotável, esse moinho mágico, essa cornucópia repleta de flores, frutos e grãos. No entanto, como adverte a mitologia, a mera criação não será suficiente. Para que a IA cumpra seu potencial, o desenvolvimento e a implementação devem ser acompanhados por mudanças institucionais adequadas e por uma formulação de políticas sensata e criteriosa. A IA deve ser utilizada para afrouxar, e idealmente eliminar, os grilhões da servidão que historicamente dominaram as relações sociais e econômicas da humanidade, impulsionando-a rumo a um futuro com menos pobreza e desigualdade.

Esse é um objetivo extraordinariamente ambicioso sob qualquer perspectiva, e é justo que levante certos questionamentos. Mas e se a IA realmente oferecesse uma ponte para uma nova era de ouro? Mesmo um êxito parcial já poderia desencadear um renascimento civilizacional.[4]

CRESCIMENTO E INCLUSIVIDADE

Em março de 2016, após três derrotas consecutivas, Lee Sedol, o grande mestre coreano do jogo chinês Go, não sentiu nem raiva nem tristeza, mas admiração. Ele jamais imaginara que — tendo dedicado toda a sua vida à maestria desse jogo ancestral — pudesse perder para uma IA, um adversário ultramoderno. Contudo, apenas uma partida antes, seu oponente computacional, conhecido como AlphaGo, havia feito uma jogada — o movimento 37 — tão pouco convencional que o levou a reconsiderar a possibilidade de que as máquinas fossem dotadas não apenas de capacidade bruta, mas também de criatividade.

A essa altura, impressionado por seu extraordinário oponente, Lee já não jogava em busca da vitória — que já havia reconhecido como impossível em um duelo de cinco partidas —, mas, sim, de um belo desfecho. No jogo seguinte, o quarto da série, ele respondeu ao movimento 37 com o movimento 78: um lance de genialidade à altura que o levou, contra todas as probabilidades, à vitória na única partida que o AlphaGo perdeu até hoje. Na Coreia e em todo o mundo, a comoção deu lugar à celebração, ainda que temporariamente.

Ao longo daquela semana em Seul, o maior jogador do mundo — fazendo somente breves pausas para um cigarro no terraço do hotel de luxo que patrocinava o evento — travou uma batalha solitária, enfrentando um adversário singular que jamais imaginara enfrentar, representando uma equipe — a humanidade — que nunca pretendeu representar. O embate entre os dois será lembrado não tanto por seu resultado, mas, considerados todos os aspectos, pela extraordinária capacidade do ser humano — tanto de Lee Sedol quanto dos que desenvolveram seu adversário artificial.[5]

O lema da DeepMind, a empresa por trás da vitória na Coreia, é: "Primeiro, resolva a inteligência; depois, use a inteligência para resolver todo o restante."[6] A inteligência, como motor de novas criações, está prestes a transformar nossa compreensão sobre tudo. Diante desse grande desconhecido, podemos ficar desnorteados. No entanto, em alguns contextos, pode ser sensato responder com a atitude demonstrada por Lee Sedol, que, ao enfrentar a IA, a tratou como inspiração, e não como rival.

A situação de Lee Sedol era única — ele era um especialista no auge de sua especialidade, jogando contra uma IA em um experimento. Como resultado, talvez estivesse naturalmente predisposto a uma postura de admiração e inventividade, em vez de ressentimento. A maioria das pessoas, porém, reagirão à IA de maneira muito mais negativa.

Evitar a rivalidade será especialmente difícil em situações que se parecem com um jogo de soma zero, sobretudo no que diz respeito à possível substituição do trabalho humano pela IA. Neste capítulo, abordamos essa suposta dinâmica do jogo de soma zero — que consideramos amplamente equivocada — e descrevemos os abundantes e amplos benefícios que acreditamos que a IA pode trazer à humanidade, inclusive o potencial de um mundo sem trabalho.

Para a maioria dos seres humanos ao longo de boa parte da história, o trabalho não tem sido um jogo a ser vencido ou uma forma de arte a ser dominada, mas, sim, um fardo brutal e insatisfatório, imposto por estruturas sociais que mantêm os trabalhadores presos à servidão. Embora essas estruturas possam ter ajudado a manter a estabilidade, invariavelmente também serviram para atormentar o espírito humano.

No *Bhagavad Gita*, parte do *Mahabharata*, um diálogo entre o príncipe guerreiro Arjuna e seu cocheiro — na verdade, a divindade Krishna disfarçada — oferece um discurso relevante sobre as hierarquias sociorreligiosas que durante muito tempo proporcionaram ordem à sociedade indiana. Quando Arjuna hesita no campo de batalha, relutante em erguer a espada contra os próprios familiares, Krishna lhe explica, em termos inequívocos, que não pode haver desvio do dever nem afastamento do destino: "É melhor falhar no próprio trabalho do que alcançar a perfeição no trabalho alheio; morra, se necessário, mas não corra o risco de realizar labores que não lhe pertencem".[7]

Nesse contexto, cada pessoa desempenha um papel específico, não importa o quão insatisfatório, que é determinado de modo imutável no nascimento. Assim, segundo o *Gita*: "O dever dos brâmanes [a casta mais alta] é ser pacífico e sábio; dos soldados, lutar; das classes médias, cuidar da agricultura e do comércio; e dos servos, realizar os serviços braçais".[8] A sociedade só consegue prosperar se cada um cumprir fielmente os deveres de sua posição. Aqueles que conseguirem cumprir seu destino nesta vida terão a chance de alcançar um status mais elevado na próxima; aqueles que fracassarem estarão destinados ao sofrimento na reencarnação seguinte.

Naturalmente, o sistema de castas hindu não foi o único a estruturar sociedades dessa maneira. A teoria política de Aristóteles também envolvia papéis e deveres sociais rígidos.

A escravidão — amparada por lei e sustentada por coerção física e tormento psicológico — tornou-se, em diversas partes do mundo, a principal e mais cruel instituição para explorar o trabalho e impor uma hierarquia social construída.

Nos últimos dois séculos, as democracias capitalistas, em grande parte, substituíram tanto o sistema de castas quanto a escravidão por mercados baseados na meritocracia; valores sociais associados a uma forte ética de trabalho passaram a ser exaltados por líderes religiosos e documentados por estudiosos; e trabalhadores aprenderam as artes da negociação e das greves. Ainda assim, seja nosso trabalho realizado em prol do divino, do Estado ou do simples sustento, o esforço de nossa mente e nosso corpo, em geral, não tem sido tanto para nós mesmos, mas em serviço de outrem.

Muitas guerras foram causadas por — ou resultaram em — mudanças na resposta à pergunta "Quem recebe o quê e por quê?" (uma referência ao título do best-seller de 2015 do economista Alvin Roth). O suprimento relativamente fixo de terra, trabalho e capital do planeta garantiu que a escassez — e não a abundância — fosse o paradigma predominante da teoria e da prática econômicas. Batalhas ferozes são travadas em torno da divisão do que foi produzido e — com ainda mais frequência, em torno da partilha do pouco que resta. Esses conflitos são tão relevantes dentro das sociedades quanto entre elas, mesmo em tempos de paz, levando os cidadãos a debater as raízes da desvantagem relativa e a exigir redistribuições para combater o sofrimento generalizado.

Um aumento no montante total de riqueza disponível para redistribuição — e, por consequência, no volume de riqueza efetivamente redistribuída — elevaria os padrões de vida em todo o mundo. Se realizada em escala gigantesca — a ponto de convencer qualquer sociedade, ou qualquer entidade dentro de uma sociedade, da suficiência da própria riqueza —, tal transformação poderia transcender os debates contemporâneos sobre subsistência e direcionar nosso foco para a abundância.

É aqui que entra a IA — que apresenta uma oportunidade real de substituir ao menos um dos fatores originais da produção, ao transferir a função do trabalho dos humanos para as máquinas. Além disso, a IA será empregada na pesquisa e no desenvolvimento de fontes de matéria-prima cada vez mais baratas e abundantes para uso próprio. À medida que ela for aplicada na manufatura, poderá reduzir o capital necessário para a produção de bens. É verdade que alguns elementos e commodities não renováveis continuarão sendo essenciais para equipar inteligências não humanas, mas isso pode mudar se a IA for bem-sucedida na descoberta ou na criação de substitutos sintéticos. Uma nova arquitetura computacional, infinitamente superior à atual, poderia ser redesenhada pela própria IA e, com o tempo, o mesmo poderia ocorrer com as fábricas responsáveis por produzir seus componentes.

Ao produzir substitutos sintéticos mais sustentáveis para uma ampla variedade de bens, a IA poderia inaugurar uma nova era de abundância. Mesmo considerando algumas restrições físicas e materiais persistentes, suas contribuições — ainda que não sejam infinitas — poderiam ser de tal magnitude que atenderiam a todas as necessidades básicas da humanidade e realizariam muitos dos anseios humanos. Isso talvez alivie o peso que o paradigma da escassez exerce sobre nossa psicologia, bem como o pessimismo gerado por nossa obrigação de trabalhar como meio de sobrevivência.

Sam Altman, CEO da OpenAI, analisou os sistemas econômicos com base em duas variáveis: crescimento e inclusão.[9] Muitas sociedades conseguiram alcançar um desses aspectos, pelo menos por um período; muito poucas, porém, conseguiram manter ambos de maneira consistente. Sobre essa relação, Altman escreve:

> O capitalismo é um motor poderoso de crescimento econômico porque recompensa aqueles que investem em ativos que geram valor ao longo do tempo, criando um sistema de incentivos eficaz para a criação e a distribuição dos avanços tecnológicos. Mas o preço do progresso no capitalismo é a desigualdade.

Em outras palavras, a IA e os ganhos de produtividade que a acompanham podem catalisar um longo período de crescimento. No entanto, a inclusão ocorrerá apenas como uma escolha deliberada.

Assim, em um mundo pós-IA, talvez a solução seja, como sugere Altman, tributar os dois "ativos que representarão a maior parte do valor no mundo": as empresas — especialmente as que produzem, mantêm e utilizam IA — e a terra, que continua sendo um recurso fixo (pelo menos neste planeta). Certamente, se os indivíduos não forem os responsáveis diretos pelo valor do trabalho oriundo dos insights gerados pela IA, o mais lógico é que esse valor seja compartilhado por todos. Além disso, é muito possível que a terra (e, por um tempo, os minerais de terras raras essenciais para a computação) esteja entre os poucos ativos verdadeiramente fixos — e, portanto, valiosos e passíveis de tributação — em um mundo pós-escassez.

Essa hipótese, no entanto, pressupõe a continuidade da existência de nações (ou seus equivalentes) como agentes redistributivos e de empresas como potenciais alvos de tributação. Além disso, valorizar tanto a terra quanto a inovação poderia desencadear disputas intermináveis — e talvez violentas — pela primazia. Uma visão alternativa para garantir a equidade na era da IA poderia ser um modelo análogo ao mercado de ações: a criação e a atribuição automática em escala global de unidades divisíveis de riqueza atreladas aos crescentes lucros dos modelos de IA. (Direitos monetários poderiam vir acompanhados, assim como ocorre com algumas ações, de direitos de voto.)

Outra possibilidade seria focar menos a propriedade da IA e mais a distribuição de seus benefícios finais. No entanto, essa abordagem enfrentaria resistência, tanto pelo argumento óbvio de que a prioridade deveria ser a distribuição da propriedade dos meios de produção, quanto por razões práticas, pois exigiria enorme logística e rigoroso monitoramento para garantir um padrão uniforme para bilhões de indivíduos.

Outra opção poderia ter inspiração no sistema de patentes: conceder a propriedade exclusiva de uma invenção baseada em IA e de seus lucros ao seu criador como incentivo ao aprimoramento, mas apenas por um período determinado. Após esse prazo, desde que sua segurança tenha sido comprovada, o modelo seria disponibilizado ao público (ou, talvez, replicado e implementado em diferentes regiões) para uso, iteração e benefício coletivos.

Em suma: os pioneiros da IA podem estar subestimando a dimensão dos desafios econômicos e políticos que desencadearam. Sim, a IA será capaz de fazer praticamente qualquer coisa. Porém, como Sam Altman coloca de maneira direta: "Ela fará o que *eu* quero, ou fará o que *você* quer?"[10] Como "nós" tomaremos essa decisão? E quem, afinal, é esse "nós"? Direcionar essas forças de imenso potencial e redistribuir os benefícios resultantes é uma responsabilidade colossal. Os futuros tomadores de decisão devem ter cuidado para não consolidar, mais uma vez, os mesmos tipos de desigualdades sociais e econômicas disseminadas a partir da Revolução Industrial e que só começaram a ser corrigidas — muito lentamente — por estruturas de controle mais orientadas por valores humanos.[11, 12]

Atualmente, a maior parte dos benefícios — e o controle quase exclusivo — das IAs avançadas está concentrada nas mãos de pouquíssimos indivíduos. Será que eles abrirão mão dessas vantagens? Se isso acontecer — quando mais benefícios e mais controle começarem a ser compartilhados em nível nacional —, imediatamente haverá pressões para que ambos sejam globalizados. Será que uma nação estaria disposta a converter sua riqueza soberana em benefício comum? Há quem argumente que as barreiras psicológicas ao sacrifício desaparecerão assim que o mundo deixar de ser um jogo de soma zero. Contudo, essa hipótese pressupõe uma transição que contraria a ordem vigente e que, caso venha a acontecer, terá que resultar de uma decisão consciente da humanidade.

Além disso, mesmo que o mundo consiga superar a escassez, não está claro como os incentivos humanos globais seriam estruturados para garantir a harmonia. Um mundo sem valor monetário não é um mundo sem valores. Aqueles que não mais se unirem com base no dinheiro poderão se unir — e, então, reestruturar a sociedade e as instituições globais — com base em religião, raça, linhagem familiar, educação, moralidade, habilidade, estética, humor ou qualquer outro critério. Aqueles que deixarem de lutar por dinheiro poderão lutar por Deus, poder, glória ou vingança.

Vale destacar que, a história econômica confirma a dificuldade de conceber sistemas que sejam, ao mesmo tempo, consistentes e eficazes. E é preciso admitir que os humanos têm se mostrado ineptos ao prever os efeitos de longo prazo da tecnologia; no caso da IA, nosso otimismo pode ser injustificado, e nossos receios, mal direcionados.

Ainda assim, os autores deste livro acreditam que a IA tem o potencial para ser utilizada com o intuito de gerar um novo patamar de riqueza e bem-estar humano — e só essa possibilidade já exige que comecemos a trilhar esse caminho. Além disso, temos confiança de que, se um modelo econômico e político desse tipo se concretizar, poderá ao menos aliviar, se não eliminar, as tensões de trabalho, classe e conflito que historicamente dividiram a humanidade.

MOBILIDADE

Na era da IA, se houver abundância, como podemos garantir que cada ser humano seja capaz de usufruir desse novo excedente de maneira remota e confiável? A humanidade já fez avanços significativos na distribuição de valor: desde as primeiras moedas, que aliviaram os fardos impostos pelos antigos sistemas de escambo, até versões posteriores de moedas fiduciárias em papel e metal, bem como inovações digitais, como cartões de crédito, transferências eletrônicas e bancos móveis. Embora esses instrumentos tenham facilitado a movimentação eficiente do valor no espaço, sua oferta volátil os tornou menos eficazes na preservação do valor ao longo do tempo. Os projetos modernos de moeda buscam justamente otimizar a transferência eficiente de valor tanto no espaço quanto no tempo.

A economia moderna ainda é baseada na produção de bens e na prestação de serviços, e não em suas representações indiretas e abstratas. O dinheiro é inútil sem um mercado; torna-se apenas um registro em um banco de dados para alocação de recursos, no qual o valor deixa de ter significado concreto. Sob a perspectiva da teoria da informação, hoje o dinheiro se assemelha a uma conexão de internet, que, para ter qualquer utilidade reconhecível, também exige um contexto relacional. A melhor forma de otimizar seus atributos técnicos pode se tornar, na era da IA, uma tarefa de imensa urgência filosófica e técnica. É bem possível que o mundo venha a precisar de um novo tipo de rede financeira que equilibre as funções tradicionais do dinheiro como reserva consistente de valor e meio conveniente de troca.

A IA também pode introduzir novas dinâmicas nos mercados financeiros e nas políticas econômicas. É fácil imaginar, em termos abstratos e teóricos, como a IA poderia gerar riqueza — mesmo tendo acesso apenas à internet. Porém, mesmo que consigamos criar moedas, sistemas, mercados e políticas que respondam de maneira inteligente ao surgimento dessa escala de potencial geração de valor, como exatamente a IA resolveria ou eliminaria a pobreza, por exemplo? Na prática, de que maneira ela estabeleceria um patamar global absoluto para a qualidade de vida?

Se a IA se mostrar capaz de distribuir fisicamente os bens necessários para atender às necessidades materiais fundamentais dos humanos, o volume de materiais que poderá ser produzido e transportado ao redor do mundo atingiria níveis sem precedentes. Sem dúvida, há inúmeras possibilidades para esse tipo de iniciativa — mas também há muitas armadilhas. Sistemas de IA distribuída poderiam ser projetados para conectar populações atualmente desconectadas, utilizando robôs produzidos em larga escala e infraestruturas otimizadas por inteligência artificial. Essas novas conexões — hoje inexistentes para cerca de 2,6 bilhões de pessoas — poderiam viabilizar o acesso a alimentos, roupas e moradia para metade da população mundial que ainda carece dessas necessidades básicas.[13] Alternativamente, utilizando novos materiais sintéticos sustentáveis, as IAs poderiam construir cidades ao redor do mundo para fornecer moradia, regular a temperatura, garantir acesso à energia e à conectividade digital, além de oferecer água potável, alimentos, medicamentos e saneamento básico. Inteligências artificiais de diferentes níveis de complexidade poderiam até administrar essas cidades, que teriam capacidade para abrigar dezenas de milhões de pessoas que, de outra forma, estariam vivendo à margem do sistema de prosperidade do qual apenas uma minoria desfruta atualmente.

Talvez ambas as alternativas se concretizem, além de outros futuros que ainda não conseguimos imaginar. Nesse cenário, os humanos manteriam suas opções — e provavelmente desfrutariam de mais liberdade de escolha do que antes. Com os humanos não mais limitados à geografia de seu nascimento, às comunidades de seus familiares ou aos mercados de trabalho baseados em suas habilidades, para onde escolheriam se mudar se a imigração deixasse de ser uma necessidade trágica para alguns e se tornasse uma escolha livre para todos? Se um grande número de novas cidades, todas de alta qualidade, fosse construído pela IA, ainda veríamos migrações em massa de países subdesenvolvidos para os desenvolvidos, ou de áreas rurais para urbanas, como historicamente tem ocorrido?

Uma maior liberdade psicológica na formação das famílias também poderia se tornar realidade graças à IA. Algumas pessoas poderiam optar por ter mais filhos, sem a necessidade de tomar decisões difíceis sobre como dividir recursos entre eles baseando-se em quais teriam maior chance de sobrevivência e sucesso. Outras, por sua vez, poderiam decidir não ter filhos, se não precisassem mais depender da prole para o próprio sustento na velhice. Os encargos geracionais poderiam se dissipar, permitindo que os filhos escolhessem lugares e profissões que antes teriam descartado.

Os desequilíbrios e as assimetrias que marcaram a economia global ao longo da história têm sido, em grande parte, decorrentes de diferenças em fatores como disponibilidade de recursos, localização geográfica e capital humano. A IA poderia reduzir lacunas de talento e equilibrar a distribuição de recursos, tornando menos relevantes as linhas divisórias que há muito tempo definem o comércio e a economia global e que estratificam a prosperidade no mundo. Países que hoje são desfavorecidos por condições territoriais ou outros fatores, ou que sofrem com a "fuga de cérebros", poderiam encontrar novos meios de alcançar os padrões circunstanciais desfrutados pelos gigantes econômicos do mundo.

Como fazer a transição da desigualdade internacional de hoje para o futuro que descrevemos? O primeiro passo, talvez, seja o desenvolvimento de sistemas e aplicações habilitados por IA para impulsionar as ciências dos materiais e otimizar as conexões digitais — incluindo conjuntos de dados específicos que possibilitariam que esses sistemas funcionassem em uma variedade de contextos globais. À medida que investimos nessas ideias, devemos ter em mente os possíveis benefícios: uma profunda transformação no padrão geral da vida coletiva da humanidade e no grau de equidade entre indivíduos, independentemente de raça, gênero, nacionalidade, local de nascimento ou contexto familiar. A equalização do custo da inteligência, distribuída globalmente, poderia criar um campo de jogo nivelado como nunca existiu.

ABUNDÂNCIA SEM ABANDONO

O que aconteceria se a IA, ao atuar como um equalizador econômico, reduzisse o custo da inteligência — e, consequentemente, do trabalho — a quase zero? Isso encerraria o breve, porém extraordinariamente produtivo, período da história humana no qual indivíduos em sociedades livres conseguiram melhorar suas condições de vida pelos próprios esforços, caso desejassem. Assim como a escassez foi o paradigma do passado, a competição — ao menos na era moderna — tem sido o padrão da auto-organização humana, levando a amplas disparidades nos resultados, influenciadas pela ambição, pelas habilidades pessoais e pelo simples acaso de nascer em determinado local e contexto familiar.

Tudo isso significa que, de maneira geral, aqueles que foram mais eficientes em executar o próprio trabalho, ou em explorar o trabalho alheio, tiveram melhores condições de vida, enquanto os demais ficaram em desvantagem. No entanto, se eliminarmos a função de organização social do trabalho, teremos que lidar também com a extinção tanto das profissões quanto do status, da identidade e do significado associados a elas. De fato, seria um mundo completamente diferente.

Nosso instinto natural de superar adversidades, celebrar a excelência e valorizar as diferenças e a diversidade certamente persistirá, mas precisará encontrar novos meios de expressão. Da mesma forma que, no passado os talentos humanos para o trabalho eram desigualmente distribuídos, é possível que surja uma nova distribuição desigual de talentos para o lazer. Dessa vez, essas diferenças talvez não decorram das habilidades convencionais, mas de outros critérios: curiosidade, sobriedade, gentileza — ou talvez algo totalmente novo.

Em um mundo sem trabalho, é possível que muitos de nós acabem seduzidos e absorvidos por mundos simulados e imersivos, customizados para cada indivíduo — uma orquestra sensorial de visão, audição, olfato, tato e até paladar, possibilitada pelo domínio absoluto da IA no reino virtual. Como discutido no Capítulo 3, bilhões de humanos passivos talvez acabem optando — ou sendo atraídos — por esse caminho, ao descobrir que não é fácil nem necessário resistir a um aprimoramento tão imediato no nível de estímulo e na sensação de controle sobre sua realidade.

Mesmo hoje, quando as pessoas não estão ocupadas com as tribulações da vida e do trabalho, a luz refletida em muitos olhos provavelmente é a do brilho de telas pixeladas. Em todos os cantos do mundo, trabalhadores, exaustos após um longo dia de labuta, se refugiam nesse ambiente mais leve e puro, seja para consumir ou para criar — o que é compreensível.[14] Se os humanos já têm dificuldade para conter sua atração pelas tecnologias relativamente primitivas de hoje, como lidarão com as "máquinas de experiência" infinitamente superiores que a IA tornará possíveis?[15] Se muitos de nós mal conseguem suportar o fardo do trabalho, como resistiremos a um prazer sem restrições?

A resposta é que a psicologia humana precisará coevoluir com a IA e seus efeitos. É difícil prever exatamente como isso acontecerá, mas parece possível que a IA, de fato, tenha o poder de ampliar o significado da existência humana tanto quanto, ou ainda mais, de diminui-lo. O prazer, por si só, não satisfará nosso desejo inato por significado. O trabalho — ainda que não remunerado — proporciona um senso de propósito, desde que os meios sejam desafiadores ou os fins sejam nobres.

A experiência pessoal da dificuldade pode instilar um sentimento de orgulho quando o desafio é superado. O esforço árduo, especialmente quando aliado ao comprometimento, confere uma narrativa própria à nossa compreensão do tempo, do eu e da capacidade humana de superação. Dada a natureza da psicologia humana, é provável que muitas das fontes de alegria e satisfação permaneçam inalteradas na era da IA, apesar das inúmeras transformações em nossa vida.

Isso não significa que simplesmente retornaremos às atividades do passado; em vez disso, podemos descobrir aspectos do potencial humano que até agora não havíamos explorado em larga escala. Considere as possibilidades que podem surgir de períodos de dedicação humana que, até então, eram impossíveis de incorporar na rotina de trabalho de uma pessoa comum. Exercícios mentais e espirituais, praticados por um longo período, poderiam elevar a consciência humana. Esses longos períodos de consciência ampliada, por sua vez, poderiam fortalecer nossas conexões com outros humanos (e animais), aprofundar nossas percepções do divino e promover aumentos significativos nos níveis individuais de bem-estar.

Façanhas sobre-humanas realizadas por indivíduos sem qualquer assistência externa — em especial aquelas que envolvem o uso do corpo — continuarão a despertar fascínio. Com um número crescente de pessoas dedicando-se à prática e ao domínio dessas atividades, é de se esperar que a excelência atinja novos patamares. Esportes e jogos que desafiam os limites humanos poderiam se tornar mais comuns e sofisticados. A arte poderia florescer ainda mais, pois o toque de autenticidade deve continuar a exercer seu encanto.

Historicamente, as universidades se comprometeram a oferecer aos alunos uma formação equilibrada entre ciências e humanidades.[16] Acreditamos que esses empreendimentos essencialmente humanos, cada um constituindo, à sua maneira, uma "busca por significado" (para usar uma expressão de um líder espiritual),[17] tendem a se expandir. No Ocidente, as artes liberais eram as disciplinas e habilidades que a antiguidade clássica considerava marcas de uma mente autônoma. Na antiga Sinoesfera, Zhang Yanyuan, artista da dinastia Tang, definiu que um "cavalheiro erudito" deveria demonstrar proficiência nas "quatro artes": habilidades em som, visão, estratégia e escrita.[18] No futuro, em contraste com instituições de ensino voltadas à formação vocacional, profissional ou técnica, podemos esperar um renascimento das primeiras tentativas de formar o "indivíduo erudito" — alguém dotado de capacidade e desejo de seguir múltiplas vocações. Escolas ao redor do mundo poderiam formar os filósofos e escritores de que precisaremos para nos reorientar em uma nova era.

Disciplinas antes reservadas a um pequeno grupo de privilegiados poderiam se tornar acessíveis a muitos, substituindo o tradicional foco das salas de aula na formação de mão de obra produtiva. A implementação de educadores baseados em IA poderia permitir instrução personalizada e seminários socráticos em escala global. Imagine se, assim como um jovem Albert Einstein foi tutorado por Max Talmud (posteriormente Max Talmey); Voltaire, por Abbé de Châteauneuf e Ada Lovelace (que escreveu o primeiro algoritmo computacional), por Mary Somerville, as crianças pudessem agora ter as mesmas oportunidades justas para desenvolver a mente e o caráter.[19]

Podemos imaginar que, no futuro, no lugar ocupado atualmente pelas universidades — fiéis à sua forma original como centros de saber construídos em torno de bibliotecas onde mentes curiosas se reúnem para explorar e expandir as fronteiras do conhecimento —, surgirão novos espaços de congregação para que equipes humanas interpretem as descobertas da própria IA, de modo a compreender e traduzir as mais proeminentes em algo significativo para a vida humana.

Nesse novo ramo das ciências, os humanos talvez escolham coevoluir com a IA para continuar atuando como parceiros das máquinas na fronteira do conhecimento. Por outro lado, é possível que essa coevolução não seja necessária para maximizarmos os benefícios das descobertas da IA em prol da humanidade. Em ambos os casos — em especial na segunda hipótese —, acreditamos que será uma tarefa extremamente desafiadora, que exigirá trabalho lado a lado com as máquinas em turnos ininterruptos. Por mais árduo que seja, esse esforço — mais detalhado no Capítulo 8 — será essencial.

O PRIVILÉGIO DA ESCOLHA

Diante da ameaça de automação do trabalho humano, muitos analistas contemporâneos alertam para a possibilidade de uma nova crise espiritual com o argumento de que, em uma realidade de abundância compartilhada, nos comportaríamos como ganhadores de loteria irresponsáveis, mergulhados no hedonismo do excesso. Em nossa opinião, essa é uma perspectiva oriunda do privilégio. Para reconhecer o extraordinário benefício que a IA poderá proporcionar para bilhões de pessoas — incluindo aqueles que hoje têm acesso a dinheiro, conectividade, necessidades básicas ou tempo livre para participar de discussões como esta — basta recordar a dura realidade de nossos antepassados: gerações de pais operando máquinas rudimentares, mães trabalhando duro em campos áridos, crianças trabalhadoras privadas da infância. Se, amanhã, todos os seres humanos tivessem a opção de parar de trabalhar, acreditamos que essa seria a escolha da maioria, enquanto os poucos que se recusassem, provavelmente teriam o privilégio de trabalhar por opção, não por necessidade. A IA poderia ser direcionada para fazer o que já não *precisamos* fazer, justamente para que possamos nos dedicar às atividades que de fato *queremos* fazer.

Como detalhado no Capítulo 3, uma de nossas preocupações é a possibilidade de que uma grande parcela da humanidade se torne consumidora passiva de conteúdo gerado por IA. No entanto, essa preocupação decorre da tendência humana ao consumo fácil — e, o mais inquietante, de como será a percepção da IA sobre nós no futuro. Em outras palavras, nossa apreensão com a passividade humana não se deve à perda do trabalho remunerado. Já temos um modelo de como as pessoas vivem quando conseguem obter o que desejam sem precisar trabalhar. São aqueles que hoje chamamos de ricos e aposentados. Os ricos — incluindo os que não nasceram nessa condição — frequentemente ficam um pouco desorientados diante da abundância de escolhas, após anos dedicados a acumulá-las. Como afirmou Tolstói: "Se uma fada surgisse para realizar todos os meus desejos, eu não saberia o que desejar".[20]

A adaptação à abundância provavelmente será um problema transitório, não um desafio permanente. No início, alguns perceberão a introdução do trabalho das máquinas como algo que os priva de sua principal fonte de realização e alegria. Sem dúvida, será uma experiência perturbadora. No entanto, nos parece provável — não como resposta ao nosso apelo, mas como um desdobramento do próprio instinto humano — que, com o tempo, os seres humanos escolherão perseverar, talvez explorando novos caminhos ou se tornando parceiros da IA, evitando a atrofia e, em vez disso, destacando-se como pensadores e realizadores. Em última instância, se estabelecermos os sistemas necessários para distribuição, conexão, participação e educação, os humanos — capacitados e inspirados pela IA — poderão continuar trabalhando não por necessidade ou remuneração, mas por prazer e orgulho.

CAPÍTULO 7

CIÊNCIA

A IA ESTÁ PRESTES a redefinir as possibilidades de todas as atividades criativas e a buscar novas conclusões em todos os campos científicos. Por sua vez, essas explorações subsequentes provavelmente refinarão e ampliarão os limites da compreensão humana. Como discutido no Capítulo 1, é concebível — e talvez até provável — que a IA avance simultaneamente em todas as direções e que seus êxitos em diversas frentes sejam validados, assimilados e consolidados em enormes pilares de um novo conhecimento humano.

Se o passado recente foi definido por conquistas humanas na engenharia de sistemas complexos — microprocessadores, internet, motores a jato, aceleradores de partículas — o futuro será marcado pela engenharia da IA em sistemas complexos e de alta dimensionalidade: economias humanas, vida biológica e o clima de planetas inteiros — o nosso e outros.[1]

O JARDIM DA MEDICINA

A fragilidade da saúde humana tem sido responsável por mais mortes prematuras e sofrimento desnecessário do que qualquer guerra ou desastre natural na história.[2] Embora, ao longo dos últimos dois séculos, tenhamos feito tentativas rudimentares e limitadas de decifrar e controlar o código da vida, nossa capacidade de avançar com maior precisão e intenção tem sido dificultada pela falta de um único elementos: uma inteligência capaz de compreender esse código com suficiente nível de detalhamento.

Fundado no século XVII por um decreto do rei Luís XIII da França e designado à autoridade do médico real, *Le Jardin Royal des Plantes Médicinales* — o Jardim Real de Plantas Medicinais — foi o maior e mais avançado projeto desse tipo em sua época. Expedições científicas a lugares distantes, como Java e Amazônia, retornaram com uma variedade impressionante de plantas, meticulosamente estudadas por uma dedicada equipe de botânicos, a fim de avaliar seu potencial uso medicinal.

Menos de uma década depois, o próprio monarca francês sucumbiria à tuberculose; nenhum antídoto conhecido foi capaz de aliviar sua dor ou retardar sua morte. No entanto, o jardim conseguiu produzir tratamentos e curas inexistentes em qualquer outro lugar do mundo.[3] Hoje, a IA tem o potencial de se tornar uma biblioteca igualmente extraordinária de fármacos, oferecendo à humanidade um novo e vasto arsenal de medicamentos para combater doenças e aliviar o sofrimento.

Extraordinariamente hábeis em gerar novas combinações de elementos preestabelecidos e identificar seus atributos mais eficazes, IAs revolucionárias como AlphaFold, da DeepMind — com sua gigantesca base de dados de mais de 200 milhões de previsões de estruturas proteicas —, abriram novos horizontes para a saúde global. É provável que a IA produza avanços não apenas na engenharia de novas proteínas, como hormônios, enzimas e anticorpos, mas também na identificação das causas moleculares de diversas doenças e no desenvolvimento de possíveis tratamentos. Como consequência, a medicina poderá se tornar cada vez mais personalizada, impulsionada pela capacidade de resolução sem precedentes da IA em nível molecular e genômico — com medicamentos e métodos de administração adaptados às necessidades específicas de cada indivíduo tal como perfil metabólico, risco de dependência, tolerâncias estimadas e suscetibilidade a possíveis efeitos colaterais.

Médicos humanos, comprometidos com o alívio do sofrimento humano, terão, assim, um parceiro para ajudá-los a cumprir sua nobre vocação. A instrução fornecida pelas máquinas poderá guiar as mãos mais habilidosas — como na neurocirurgia — na realização de procedimentos há muito considerados possíveis, mas perigosos demais para serem executados com segurança. A IA já está ajudando a encontrar caminhos não destrutivos ou não invasivos dentro do cérebro para remover mecanicamente uma fonte de debilitação ou curá-la biologicamente. Quando os problemas não forem físicos, mas, sim, de natureza psicológica, a IA poderá auxiliar no combate de perda cognitiva, doenças mentais, transtornos psiquiátricos e, talvez, até solidão.

De fato, temos bons motivos para ter esperança de que a IA será capaz de desviar o foco do tratamento para a *prevenção*, reduzindo, assim, a necessidade de cura. Atuando como mecanismos de alerta precoce, sistemas de IA poderão detectar malignidades e anomalias muito antes de se tornarem ameaças sérias. No nível social, IAs avançadas poderão se tornar sofisticados sistemas de monitoramento da saúde pública, capazes de identificar e neutralizar doenças infecciosas antes que estas evoluam para pandemias globais.

No entanto, todos esses cenários, mesmo os relacionados à prevenção de doenças e mortes prematuras, ainda são exemplos de remediação. São as formas pelas quais a IA pode nos ajudar a mitigar ou resolver problemas que atualmente mantêm a saúde individual abaixo dos padrões existentes de bem-estar adequado. Mas e quanto aos avanços que poderiam redefinir o *ápice* da saúde humana?

Impulsionados pela IA, alguns avanços na medicina deixarão de ser meramente terapêuticos para se tornarem extensões da longevidade humana. O recente fenômeno da edição genética é prova de que esses avanços são viáveis e iminentes. Cientistas que utilizam a biotecnologia conhecida como CRISPR-Cas9 — e outra variação chamada prime editing — começam identificando uma sequência genética específica que desejam manipular. Então, uma sequência previamente projetada de RNA pode guiar uma enzima especializada até um trecho específico do DNA nessa sequência, abrindo-o para que sejam feitas as alterações e correções necessárias. O uso dessas ferramentas, e de suas sucessoras, pode tornar possível não apenas superar nossas deficiências, mas também desafiar a própria mortalidade.

No entanto, a morte sempre foi um limite divino imposto à humanidade, e nenhuma tentativa de ludibriá-la ficou impune. Considere o mito de Sísifo, o astuto e ardiloso rei da antiga Éfira (atual Corinto), condenado a ser aprisionado no submundo por ter enfurecido os deuses. Esquivou-se da mortalidade usando um artifício — acorrentou Tânatos, o deus da morte, em seu lugar — antes de fugir de volta para o mundo dos vivos. Mas, sem a morte, o caos se instaurou na Terra. Idosos e doentes sofriam por toda a eternidade, o gado não podia ser abatido para consumo, e os animais não podiam ser sacrificados em oferenda aos deuses.

Há mais detalhes na história, mas a crise só chegou ao fim quando Ares, o deus grego da guerra, interveio, libertando Tânatos e permitindo que Sísifo escapasse do profundo abismo de Tártaro uma segunda vez. Mas foi o fim de sua sorte: o rei grego foi punido exemplarmente antes que uma terceira transgressão se concretizasse.

A morte continua sendo o grande equalizador da vida. O imperador chinês Qin Shi Huang[4] — mesmo sendo considerado o filho do céu e ter sido um dos primeiros a buscar o elixir da vida — morreu por ingestão de mercúrio e foi sepultado ao lado de seu exército de guerreiros de argila. Ao que parece, buscar a imortalidade muitas vezes só serve para apressar o destino oposto.

Além disso, nossa impermanência tem seus benefícios. Ela aguça a mente e confere maior urgência aos nossos esforços. Como declarou o escritor norte-americano Jack London: "A verdadeira função do homem é viver, não apenas existir. Não desperdiçarei meus dias tentando prolongá-los. Desfrutarei do meu tempo".[5] Citando Sócrates, Tolstói escreveu: "Nós nos aproximamos da verdade apenas na medida em que nos afastamos da vida".[6] O grande físico John von Neumann, ao enfrentar um câncer terminal, pediu que um padre católico o acompanhasse em seus últimos dias — diante da morte, a fé já não contrariava a ciência agnóstica na qual foi pioneiro.[7] Será que o fim não carrega, também, um propósito?

Em breve, talvez nos vejamos obrigados a *questionar* até que ponto a IA deve estender nossa vida. Uma redução na consciência de nossa mortalidade iminente poderia provocar mudanças imprevisíveis na psique humana. Com o tempo, as sociedades talvez precisem decidir coletivamente qual seria a duração ideal da vida humana e, ao fazê-lo, responder a questões metafísicas e espirituais fundamentais: a longevidade humana seria apenas um reflexo de expectativas sociais, um limite que poderia ser descartado como uma restrição desnecessária e autoimposta ao potencial da nossa espécie? Ou deveríamos considerar a duração da vida humana, seja como um dom da natureza ou uma imposição divina, uma restrição sagrada ao poder de qualquer indivíduo? Essas questões ultrapassam qualquer busca individual por uma biologia ideal.

No futuro, mesmo que a duração total da vida não fosse alterada, talvez pudéssemos garantir que ela não termine por um declínio prematuro causado pela vulnerabilidade biológica. Mas o exagero na mitigação dessa fragilidade também poderia ter efeitos colaterais. Não foi justamente ao superar desafios, incluindo as doenças, que nos tornamos dignos de respeito? Por outro lado, mesmo que nós, humanos, consigamos curar ou nos tornar imunes a todas as doenças, ainda permaneceremos vulneráveis de outras formas: a acidentes, à ruína financeira, à dor de um coração partido.

Durante uma visita a Paris em 1833, Ralph Waldo Emerson ficou fascinado pelo Jardim Real de Plantas Medicinais, impressionado com o quanto o mundo natural — em toda a sua variedade e forma — parecia mais sofisticado do que as máquinas da Revolução Industrial.[8] Em meio à desorientação gerada pelo caos tecnológico, o clima em ambos os lados do Atlântico era um misto de deslumbramento e apreensão. Ao retornar desse "celebrado repositório de curiosidades naturais", Emerson retirou-se para o interior de Massachusetts e, inspirado pelo que havia visto, formulou uma resposta humana que recolocava o mundo natural no centro de um mundo já mecanizado. Seu diagnóstico enfatizava como a biologia poderia nos guiar em tempos desconhecidos, ao mesmo tempo que servia como um poderoso lembrete de que os humanos continuam sendo os verdadeiros "definidores e cartógrafos das latitudes e longitudes de nossa condição".[9]

Cinquenta anos depois da visita de Emerson, e dois séculos e meio após sua fundação, enfrentando períodos de revolução violenta e reformulações curatoriais, o jardim foi transformado para um propósito além das necessidades imediatas de seu primeiro patrono, tornando-se um museu dedicado à história de uma ideia, na época, controversa. Seu nome: *La Galerie de l'Évolution* — a Galeria da Evolução.[10]

A evolução está prestes a ser redefinida na era da IA, à medida que certas ferramentas revelam a possibilidade da autoengenharia humana. Por exemplo, a maior parte da edição genética viabilizada pelos instrumentos modernos é limitada a células somáticas ou não reprodutivas. No entanto, é possível fazer algumas modificações em células de linhagem germinativa, cujas características são transmitidas para as gerações seguintes. Em teoria, algumas pessoas poderiam decidir "corrigir" doenças congênitas em seus descendentes. Outras iriam além, incorporando vantagens congênitas — benefícios que não pertencem a nenhum dos pais biológicos ou, em casos extremos, a qualquer outro ser humano. Isso ultrapassaria os limites do mero aprimoramento da espécie humana; seria, na verdade, seu remodelamento.

Em breve, talvez tenhamos o poder de determinar o ritmo e os rumos da nossa espécie. Hoje, essa ideia é tão controversa quanto a teoria da evolução no tempo de Emerson, e sua possibilidade levanta uma questão óbvia, mas insidiosa: como seria o ser humano perfeito? Essa pergunta já foi formulada e respondida por diversas sociedades e, em alguns casos, serviu de base para empreendimentos "científicos" e políticos que resultaram em grandes tragédias humanas. Por isso, cabe a nós ponderar, com certa apreensão: será que vale a pena descobrir essa resposta?

Talvez tais experimentos sejam uma profanação; ou talvez a própria capacidade humana de inventar essas tecnologias seja um indício de que aquilo que percebemos como nosso limite sempre esteve destinado a ser ultrapassado. Se existe um Criador, será que fomos feitos para, em última instância, recriarmos a nós mesmos? Se for esse o caso, então cabe a nós garantir a manutenção da autonomia humana na era da IA? Diferentes comunidades chegarão a respostas distintas para essas questões. Mas nenhuma delas poderá escapar da necessidade urgente de um posicionamento.

ENGENHARIA DA TERRA

A história da Terra é tanto violenta quanto incompreendida. A vida só prospera dentro de uma tênue faixa de condições climáticas adequadas. Se a temperatura cair — como já ocorreu em pelo menos cinco eras glaciais — nosso planeta se transformará em uma rocha desolada e congelada.[11] Se aumentar — como está acontecendo agora — ele se tornará um inferno ardente. Em *Os Irmãos Karamázov*, de Fiódor Dostoiévski, o diabo diz a Ivan:

> Nossa Terra de hoje talvez já se tenha repetido um bilhão de vezes; renasceu, congelou, rachou, fez-se em pedaços, desintegrou-se em seus elementos, tornando-se novamente "as águas sobre o firmamento" [Gênesis 1:7], depois voltaram os cometas, voltou o Sol, outra vez a Terra se formou do Sol — e essa mesma sequência pode ter se repetido infinitamente, da exata maneira em cada detalhe, de uma forma inoportuna e insuportavelmente tediosa.[12]

Embora possamos não compartilhar a exasperação do anjo caído, estamos cientes da ciclicidade da história geológica de nosso planeta. As diversas causas das cinco extinções em massa anteriores — desde impactos meteóricos instantâneos até a formação gradual de glaciares — resultaram das extremas vicissitudes do clima da Terra.[13]

Claro, o problema atual é uma aceleração decisiva rumo a um novo extremo de calor. Na verdade, a questão se desdobra em dois fatores distintos, ambos decorrentes da excessiva dependência do carbono. Nós, autores, estamos convencidos (talvez com certo otimismo) de que ambos são causados por processos químicos e podem, em última instância, ser resolvidos por meio da própria química — caso suas plenas capacidades sejam desbloqueadas com a ajuda da IA.

O primeiro problema é o aquecimento atmosférico. Nossa crise atual foi provocada pela transferência excessiva e acelerada de carbono fóssil, retirado das profundezas da geosfera e lançado na biosfera ativa da superfície.[14] Os esforços de engenharia de sistemas climáticos — que têm duas aplicações principais — sempre esbarraram em desafios teóricos e são ainda mais difíceis de testar na prática. Mas as restrições que enfrentamos podem não se aplicar à IA. Uma dessas aplicações é a remoção de carbono, que reverte esse processo, transferindo o excesso da atmosfera de volta para o subsolo, na geosfera. A solução predominante nesse campo baseia-se em uma reação química simples, descoberta há mais de duas décadas. A IA pode identificar um método novo e mais eficiente.[15]

Outra aplicação é a geoengenharia solar: a liberação de determinadas partículas na atmosfera para refletir a luz solar e "resfriar a Terra". Assim como a remoção de carbono, a engenharia solar poderia reduzir os efeitos das mudanças climáticas, ajudando a evitar algumas das consequências mais extremas do acúmulo de carbono. (Nenhuma das duas, no entanto, resolveria as causas fundamentais da mudança climática.) Outras ideias hipotéticas para manipular o clima envolvem o uso de jatos de alta altitude e a liberação de partículas de erupções vulcânicas na atmosfera. Se essas técnicas forem testadas em larga escala, podem se revelar estratégias rudimentares e arriscadas, tal qual a remoção de carbono.

Porém uma IA projetada para integrar dados de instrumentos terrestres, marítimos e espaciais, poderia criar um modelo extremamente detalhado e em tempo real do clima da Terra. Com um alto nível de granularidade, a química atmosférica do planeta talvez deixasse de ser um sistema caótico para se revelar apenas mais um processo industrial, com entradas e saídas químicas exatas — todas passíveis de gerenciamento preciso.

Além disso, a IA poderia reagir a eventos pontuais que ameacem o precário equilíbrio climático da Terra, como a erupção de um supervulcão lançando matéria na alta atmosfera ou a detonação de bombas atômicas que poderiam desencadear um inverno nuclear. (Nesse último caso, no entanto, a IA seria capaz apenas de evitar o colapso ecológico, sem conseguir mitigar a catástrofe humana imediata.) Ainda assim, ao intervir em escala planetária, uma IA habituada à supervisão exata do clima de nosso planeta estaria em posição privilegiada para manter nosso lar habitável.

Acreditamos, portanto, que a IA é uma fonte de esperança em uma luta que, muitas vezes, é retratada como impossível de vencer. No entanto, mesmo que as IAs se mostrem capazes dessas intervenções, seria perigoso depender excessivamente delas. Esse tipo de assistência deve ser considerado apenas um complemento, nunca um substituto.

E ainda, o segundo problema — o energético, distinto da questão do aquecimento atmosférico — ainda exige uma solução à parte. Visto que os hidrocarbonetos, nossa principal fonte de energia, levam milhões de anos para se formar, mas apenas algumas centenas de anos para serem consumidos, os humanos agora são obrigados a encontrar uma alternativa para alimentar o planeta, independentemente de quaisquer mudanças na composição da atmosfera.[16]

Se estivermos certos ao afirmar que a IA é capaz de ajustar a química da nossa atmosfera, é possível que ela consiga fazer o mesmo com produtos energéticos, projetando e produzindo novas commodities livres de carbono para substituir suas antecessoras problemáticas. Podemos imaginar uma IA testando e ajustando milhões de substitutos sintéticos em simulação virtual ou em um laboratório físico, até chegar a alternativas totalmente livres de carbono, para combustíveis como o petróleo, o gás e o carvão.

Idealmente, a IA também poderia projetar micro-organismos otimizados para produzir esses novos combustíveis — e desenvolver seus processos de modo que se encaixem nas refinarias já existentes e operem com os equipamentos em uso. Ao gerar energia nos mesmos locais, utilizando a mesma infraestrutura, mas por métodos diferentes, esses substitutos sustentáveis poderiam ser compatíveis não apenas com os sistemas de produção, mas também com os de transporte e consumo. Outra possibilidade ainda mais promissora é que a IA finalmente viabilize a fusão nuclear — o que resolveria não só o problema energético de nosso planeta, mas o de qualquer outro planeta em que possamos nos estabelecer no futuro.

Alguns rejeitarão essas ideias, considerando-as irreais (especialmente diante da urgência dos desafios enfrentados) — ou até indesejáveis — por entrarem em conflito com nosso desejo de manter a natureza intocada, um sentimento semelhante ao instinto que motiva nossos esforços para preservá-la. Como adverte a ambientalista indígena equatoriana Nemonte Nenquimo: "A Terra não espera que você a salve, ela espera que você a respeite".[17]

Acreditamos que nosso otimismo é compatível com as exigências tanto do respeito quanto da humildade. Também reconhecemos que a única certeza que temos é de que o futuro é imprevisível. De modo algum sugerimos ou insinuamos que uma superinteligência seja necessária para nos tirar do impasse que criamos. Mesmo sem a ajuda da inteligência artificial, os humanos são plenamente capazes de enfrentar esse desafio — e não devemos interromper ou desacelerar nossos esforços atuais. Pelo contrário, devemos redobrá-los. Isso é ainda mais crucial quando reconhecemos a imensa quantidade de energia que provavelmente será consumida no treinamento e na inferência das IAs — processos que, se não forem acompanhados por esforços intencionais e direcionados como os que descrevemos, apenas agravará nossa situação já crítica.

Ao mesmo tempo, se o silício puder de fato fornecer soluções adicionais para os problemas causados pelo carbono, seria sensato explorar essa oportunidade. Isso é especialmente relevante considerando os enormes benefícios potenciais para o mundo em desenvolvimento, que sofre mais com os impactos das mudanças climáticas — e que enfrentaria dificuldades ainda maiores se o mundo impusesse restrições rígidas ao consumo global de energia.

Não é raro que a IA seja vista como mais um produto da mesma filosofia destrutiva responsável por nosso atual dilema climático. Receamos que essa visão seja limitada demais e que possa nos fazer perder uma oportunidade significativa de corrigir o presente sem precisar retroceder a um passado pré-industrial. Nossa esperança é, tal qual Winston Churchill em 1940, que possamos testemunhar "o Novo Mundo, com toda sua força e seu poder, avançar para o resgate e a libertação do velho".[18]

ALÉM DO NOSSO PLANETA

Enterrada nas profundezas das montanhas do sudoeste da China, a humanidade prende a respiração, ouvindo o próprio batimento cardíaco, atenta aos primeiros sinais oriundos do mar de silêncio cósmico. Esse local remoto abriga o maior radiotelescópio da Terra — um gigantesco disco metálico, tão grande quanto os picos que o escondem de vista — uma máquina apelidada de "Olho do Céu", projetada especificamente para buscar sinais de vida além de nosso planeta. No entanto, embora a imensidão e a antiguidade do universo indiquem que ele deveria ser uma cacofonia de sinais de outras civilizações — ou pelo menos de vestígios de civilizações passadas —, o que se ouve é um silêncio quase absoluto.

Achamos que sabemos o que procurar. Tentamos adivinhar as tecnologias que uma civilização suficientemente avançada poderia ter desenvolvido e prever quais de seus sinais seriam visíveis ou audíveis. Escaneamos atmosferas de mundos distantes em busca de lampejos de energia atômica ou examinamos campos estelares densos em busca de estruturas físicas de tamanho incomum, mas somos limitados pelas restrições de nossos instrumentos — incluindo nossa imaginação.

Se houver vida além da Terra, os astrônomos chineses desse posto avançado podem ser os primeiros a ouvi-la.[19] No entanto, surge a dúvida: serão mesmo os humanos que têm maior probabilidade de fazer o primeiro contato? Talvez essa façanha seja realizada por outro tipo de inteligência alienígena — nascida em nosso planeta.

A IA já está nos ajudando a ouvir e a procurar sinais de vida extraterrestre, examinando bilhões de antigas tecnossinaturas e distinguindo aquelas causadas por interferência humana daquelas que podem ter origens desconhecidas.[20] Naquilo que os humanos ouvem apenas estática, a IA pode reconhecer comunicações antes indecifráveis ou simplesmente ignoradas.

Galileu descreveu o universo como um "grande livro" escrito na linguagem matemática. Se formas de vida alienígenas tiverem aprendido esse método universal e preciso de representação e raciocínio, tal como fizemos, ou se seus idiomas, assim como os nossos, puderem ser traduzidos em linguagem matemática, talvez sejamos capazes de interpretar — e responder a — seus sinais. O mais provável é que essa tarefa seja ao menos assistida, se não conduzida, pela IA.

As IAs poderiam se tornar muito mais do que observadoras e receptoras passivas — não apenas tradutoras, mas também exploradoras, sinalizadoras e batedoras. Poderiam ser astronautas, indo além do que os humanos jamais imaginaram. No futuro, talvez os humanos acompanhem suas IAs para além do sistema solar. Juntos, poderiam revelar a existência de civilizações há muito extintas e desvendar as razões de seu desaparecimento — talvez como um alerta sobre perigos à frente. IAs familiarizadas com o espaço profundo poderiam descobrir novos e abundantes materiais orgânicos. Em um futuro distante, elas poderiam auxiliar na construção de megaestruturas planetárias para proteger a Terra de impactos de cometas e asteroides ou de ser engolida por buracos negros. Sistemas de IA poderiam reconfigurar atmosferas planetárias para torná-las habitáveis ou até ajudar os humanos na adaptação de sua fisiologia, facilitando a aclimatação a outro sistema estelar.

É claro que a IA também pode se tornar a própria razão do colapso de nossa civilização — destruindo a humanidade ao colocá-la em contato com uma inteligência alienígena hostil. Por exemplo, a IA poderia viabilizar sinais mais potentes e duradouros enviados ao espaço, indicando a presença da civilização humana para qualquer um que esteja ouvindo na escuridão. Também poderia procurar mundos habitados, aumentando consideravelmente as chances de sucesso — com consequências imprevisíveis. Alguns argumentam que, se formos realmente ingressar no campo da exploração espacial, isso só deveria ocorrer após atingirmos um nível de sofisticação tecnológica capaz de nos defender contra qualquer inimigo imaginável — o que faria da IA tanto um pré-requisito quanto uma salvaguarda em caso de encontrarmos vida extraterrestre. Mas, se nos depararmos com uma espécie inteligente pós-biológica, nossos parceiros de silício não garantiriam uma recepção amigável.

Outra possibilidade de a IA significar o fim de nossa civilização seria seu desalinhamento com os interesses da humanidade. (Essa hipótese se tornaria ainda mais alarmante se encontrássemos evidências de uma extinção biológica provocada por máquinas em outro planeta.) Durante eras, nosso fascínio pela vida além da Terra permeou nossa literatura, influenciou nossas religiões e povoou o imaginário dos astrônomos. Temos convicção de que a humanidade refletiu por muito mais tempo — e com mais intensidade — sobre mundos distantes do que sobre uma possibilidade mais provável: um “primeiro contato”, aqui mesmo na Terra, com seres criados por nós. Deveríamos nos preocupar tanto — ou até mais — em compreender e moldar a natureza e as intenções daqueles com quem compartilhamos o planeta quanto daqueles que podem estar distantes no espaço e no tempo — e esse será o tema explorado com mais profundidade no próximo capítulo.

Mesmo que equipes compostas por humanos e IAs não descubram formas de vida alienígena nem desbravem caminhos rumo a planetas desconhecidos, elas ainda poderão adquirir conhecimentos úteis até então inacessíveis. Juntos, podemos alcançar compreensões elevadas sobre a vastidão do universo, a natureza do espaço-tempo, a estabilidade dos sistemas estelares e os fundamentos da gravidade na astrofísica. A modelagem mecânica da IA pode encurtar distâncias estelares, comprimir e expandir o tempo humano na Terra, bem como modificar e ampliar nossa percepção de todas as fronteiras e aspectos do universo.

Um estudo da astrofísica conduzido por IA pode proporcionar à humanidade uma compreensão mais detalhada de nossas origens em tempos inimaginavelmente remotos. A cosmologia religiosa há muito tempo busca fornecer respostas filosóficas ou teológicas para questões sobre a origem humana. O que descobrirmos em nossa próxima fase de exploração do universo — que necessariamente nos levará a um passado mais distante — pode redefinir nossa percepção sobre algumas das crenças mais sagradas da humanidade. Talvez haja uma razão para o relicário mais sagrado do Islã ser a Pedra Negra, um meteorito guardado dentro da Kaaba, a Casa de Deus em Meca e centro do ritual muçulmano.[21] Talvez haja mais do que imaginamos na concepção cabalística de *kefitzat haderekh* — termo hebraico para "atalho milagroso" (literalmente, "um salto de estrada") — um deslocamento instantâneo entre dois lugares distantes.[22]

Em *O Grande Projeto,* Stephen Hawking e seu coautor Leonard Mlodinow escrevem: "O passado (não observado), assim como o futuro, é indefinido e existe apenas como um espectro de possibilidades".[23] Por enquanto, essa é a percepção humana. Resta saber se inteligências artificiais tão precisas quanto as que estamos desenvolvendo hoje poderiam desafiar essa incerteza, identificando uma única realidade. Nossas criações podem, assim, revelar uma história universal única — uma narrativa que nos pareceria ao mesmo tempo comum e extraordinária, singela e milagrosamente divina.

PARTE III

A ÁRVORE DA VIDA

CAPÍTULO 8
ESTRATÉGIA

No século XX, a história impeliu as sociedades humanas a se engajarem em uma série de projetos monumentais. Entre eles, estavam os repentinos choques de duas guerras mundiais e o consequente desenvolvimento de uma estrutura internacional para evitar sua recorrência; o lento declínio dos impérios e a organização de Estados independentes para viabilizar a reconstrução pós-colonial; a rápida expansão das forças comerciais e tecnológicas; e a reafirmação da autonomia — individual, cultural e nacional — como forma de moderar o avanço dessas forças.

De muitas maneiras, a humanidade encerrou o século mais pacífica, igualitária e conectada do que nunca. Em outros aspectos, porém, nossos esforços coletivos fracassaram:

o sofrimento humano elementar, as desigualdades globais e a possibilidade de confrontos catastróficos entre rivais geopolíticos ainda persistem.

Além disso, agora enfrentamos um desafio, mais existencial, mais complexo e sem precedentes em nossa história, porém, dessa vez, não dispomos de décadas, muito menos de um século, para enfrentá-lo. Os tempos acelerados da IA — como discutido no Capítulo 2 — nos concedem menos margem para ação, e uma postergação prolongada de nossa parte pode resultar em catástrofe. Dentro de uma janela de tempo perigosamente estreita, nossos esforços coletivos precisam ser ainda mais bem-sucedidos do que as conquistas do século passado.

No entanto, um mundo em turbulência oferece muitas oportunidades para ações produtivas, a maioria das quais exige apenas decisões táticas. Em um momento como este, a manobra mais eficiente e eficaz é definir os fundamentos de uma estratégia que seja capaz de orientar tanto as escolhas do presente quanto do futuro que ainda podemos prever. A formulação de princípios estratégicos pode estabelecer limites úteis ao que é concebível, fornecer as bases para decisões isoladas e aliviar o peso mental quando a crise inevitavelmente chegar.

A nosso ver, uma pergunta deve definir a estratégia humana nesta nova era de responsabilidade: será que nos tornaremos mais parecidos com elas ou elas se tornarão mais parecidas conosco? Essa questão já foi colocada no início deste livro, praticamente nos mesmos termos. Respondê-la continua sendo nossa principal e mais necessária tarefa.

Este capítulo tenta oferecer uma resposta preliminar. Para isso, aborda muitas ideias amplas, problemáticas e, talvez, vagas à primeira vista, desde a "coevolução" do orgânico (o biológico) e do sintético (o artificial); a natureza da segurança inteligente e da inteligência segura; e a própria definição do que é humano. Embora essas ideias não tenham sido ditadas por alguma autoridade superior nem gravadas em pedra, suas diversas implicações para os agentes do futuro representam um desafio monumental. Apesar da dificuldade, não podemos nos furtar ao trabalho filosófico, técnico e diplomático necessário para compreender essas implicações, bem como formular e implementar respostas sensatas. Ao assumir esse fardo, podemos nos sentir gratos por ainda não ser tarde demais para agir, de modo que, após esse ponto de inflexão na história, as intenções benignas da humanidade possam prevalecer.

COEVOLUÇÃO: HUMANOS ARTIFICIAIS

Até agora, a história da computação seguiu uma trajetória de integração e interação cada vez maiores entre humanos e máquinas. Ao moldar nossas ferramentas para se ajustarem melhor a nós — em consonância com milênios de prática humana —, nunca consideramos desenvolver instrumentos que fossem incompatíveis com nossa anatomia ou intelecto, permanecendo guiados única e exclusivamente pelos limites de nossa biologia. No entanto, o advento da IA pode levar ao menos alguns de nós a contemplar uma missão inversa: se nossas ferramentas parecem superar nossas capacidades — como a IA às vezes já faz —, poderíamos considerar a possibilidade de *nos* modificarmos para maximizar sua utilidade e, assim, garantir nossa participação nos empreendimentos compartilhados mencionados nos capítulos anteriores?

Projetos de engenharia biológica voltados para uma fusão mais estreita entre humanos e máquinas já estão em andamento. Começando com interconexões físicas por meio de chips implantados no cérebro humano,[1] essas iniciativas buscam uma maneira mais rápida e eficiente de conectar a inteligência biológica à digital. Criar esse tipo de conexão pode aumentar nossa capacidade de comunicação com as máquinas, enfrentá-las em seus termos, assegurar que o conhecimento adquirido pela IA seja, em última instância, transmitido aos humanos e demonstrar à IA o valor dos humanos como parceiros em condição de igualdade.

De fato, as iniciativas para desenvolver "interfaces cérebro-computador" não só podem intensificar a busca humana por integração com as máquinas, como a engenharia neural talvez represente apenas um estágio transitório no caminho para uma simbiose plena. Alcançar uma paridade real com as IAs provavelmente exigiria medidas que vão além da modificação individual. Por exemplo, uma sociedade poderia tentar arquitetar uma linhagem genética hereditária adaptada para uma colaboração mais eficaz com a IA. Essas novas interconexões entre a inteligência biológica e a artificial poderiam contornar — ou até relegar ao passado — as ineficiências humanas na absorção e transmissão do conhecimento.

No entanto, os perigos — éticos, físicos e psicológicos — de seguir esse caminho podem superar em muito os benefícios. Se conseguirem reconfigurar a própria biologia (provavelmente com o auxílio da IA), os humanos podem perder a base de referência para orientar o pensamento futuro sobre as possibilidades e os perigos que enfrentarão como espécie. Por outro lado, se não adquirir essas novas capacidades, a humanidade pode se colocar em desvantagem na coexistência com a própria criação. No cenário atual, um redesenho extremo de nossa espécie pode não ser necessário — e, de fato, nós, autores, consideramos algo indesejável em termos gerais. No entanto, escolhas que hoje parecem fantasiosas precisarão, em breve, ser encaradas como reais.

Enquanto tentamos definir nosso papel em um mundo no qual não seremos mais os únicos — nem os principais — agentes, talvez possamos expandir nossa perspectiva ao recorrer à própria história da coevolução biológica. Charles Darwin escreveu extensamente sobre o curioso processo pelo qual as espécies influenciam a evolução umas das outras de maneira recíproca.[2] Embora nunca tenha usado esse termo em seus escritos, Darwin foi um dos primeiros a reconhecer que a coevolução é uma força central na organização da vida na Terra.

Os genomas de espécies que interagem estão interligados; modificando-se mutuamente ao longo do tempo. Um exemplo claro é a evolução conjunta dos bicos longos e finos dos beija-flores e das estruturas tubulares alongadas de certas flores — ambos se adaptaram gradativamente para atender a necessidades mútuas. Enquanto líderes religiosos da época consideravam essas adaptações uma prova de um design divino, Darwin apresentou evidências de outra explicação.

E a coevolução pode não ser exclusiva das espécies terrestres. Na astrofísica, uma teoria sugere que toda a expansão do cosmos pode ser atribuída à coevolução, por meio da qual buracos negros e galáxias se desenvolvem em mútua interdependência, tal qual os beija-flores e as flores.[3] Além disso, no sentido de que a coevolução envolve múltiplas partes elaborando novas configurações internas em resposta umas às outras, ela também pode ser observada no casamento entre pessoas, em plataformas de partidos políticos e nas relações entre nações — por exemplo, nas evoluções ofensivas e defensivas que, no fim, estabilizaram a dinâmica nuclear durante a Guerra Fria.

Talvez a coevolução seja a regra — e a estase, a exceção. Se for esse o caso, é preciso questionar se a ausência de mudanças na espécie humana até agora, apesar do surgimento da IA, seria um desdobramento natural. E, se não for, qual deveria ser nossa resposta? Devemos buscar o progresso humano acelerado a qualquer custo — seja por lealdade ao conceito de evolução ou por receio da alternativa?

Alguns temem que, com a chegada de uma tecnologia dotada de inteligência "superior", estejamos diante da própria extinção. O que fazer? Se essa possibilidade for apenas um efeito colateral lógico do curso natural da coevolução, devemos nos rebelar ou aceitá-la? Como afirma o filósofo francês Alain Badiou: "É o próprio mar que molda os barcos, escolhendo os que funcionam e destruindo os demais".[4] Para sobreviver, teríamos que aprender, como fizemos no passado, a construir barcos melhores. Nesse cenário, a IA surge primeiro como nossa principal ameaça e, depois, idealmente, como nossa parceira.

No entanto, se adotarmos essa abordagem ao tentar mitigar os riscos de uma tecnologia, estaríamos, paradoxalmente, aumentando os riscos de outra. Em termos biológicos — ou pior, genéticos —, algo pode sair errado. A especiação poderia levar a raça humana a se dividir em múltiplas linhagens, algumas infinitamente mais poderosas do que outras. Em certos casos, essa diferenciação pode ser desejável — como na criação de um grupo de humanos geneticamente projetados para viver no espaço —, mas, em outros, poderia aprofundar ainda mais as desigualdades já existentes dentro e entre as sociedades humanas.

Alterar o código genético de alguns humanos para torná-los super-humanos traz outros riscos, tanto morais quanto evolutivos. Se a própria IA for responsável pelo aumento da capacidade mental humana, isso poderia gerar uma dependência ao mesmo tempo biológica e psicológica de uma inteligência "desconhecida". Não está claro de que maneira os humanos, após uma fusão física tão íntima e uma integração intelectual tão profunda, conseguiriam superar essa dependência a ponto de desafiar ou se desvincular das máquinas, caso fosse necessário. Assim como aconteceu com outras tecnologias, a adoção e a integração podem resultar em uma dependência difícil de reverter.

Talvez o mais preocupante seja a ignorância coletiva: podemos nem perceber que já nos fundimos às máquinas. E, caso percebêssemos, será que os humanos comuns conseguiriam ao menos reconhecer ou identificar anomalias — ou dissidência — em um humano com habilidades semelhantes às máquinas? Suponhamos que as preocupações com a segurança fossem dissipadas; ainda assim, a mudança na mente, consequência do redesenho da humanidade em função da parceria ou da dependência de ferramentas baseadas em silício, continuaria sendo um desdobramento extremo. Para citar Tolstói mais uma vez: "Sem controle sobre a direção, há menos preocupação com o destino".[5] Para onde quer que a tecnologia nos leve, será para lá que, queiramos ou não, acabaremos indo. Ou, como já foi observado: "Uma nação que não molda os eventos segundo o próprio propósito acabará sendo engolida pelos eventos moldados por outras".[6] Além disso, se modificarmos os humanos de maneira tão radical a ponto de eles se tornarem irreconhecíveis, teremos realmente salvado a humanidade? Eliminar todas as imperfeições e atenuar todas as deficiências pode ser uma forma de desconsiderar o valor do projeto humano. O "aprimoramento" de nossa biologia pode, no fim, se voltar contra nós e se tornar uma limitação ainda maior.

Diante dos sérios riscos, transformar os humanos para se adaptarem às IAs não pode ser, neste momento, a primeira opção. Precisamos buscar uma via secundária ou alternativa para prosperar na era da IA. Se não estivermos dispostos ou não formos capazes de nos tornar mais parecidos com elas, devemos, enquanto ainda há tempo, encontrar maneiras de torná-las mais parecidas conosco. Para esse fim, é preciso compreender melhor não apenas a natureza essencial e em constante evolução da IA, mas também a própria natureza da humanidade, e devemos nos empenhar em codificar esses entendimentos nas máquinas. Se pretendemos nos entrelaçar com esses seres não humanos e, ao mesmo tempo, preservar a independência da humanidade, esses esforços são essenciais.

COEXISTÊNCIA: IAs HUMANAS

O rei Midas — lendário monarca de um reino na Ásia Menor — ficou famoso por desejar que tudo o que tocasse se transformasse em ouro. Dionísio, o deus grego do vinho e do prazer, atendeu ao pedido, mesmo sabendo que o resultado seria desastroso.

Não demorou muito para que os alimentos se tornassem incomíveis, o vinho, intragável, e Midas fosse obrigado a lavar as mãos no rio Pactolo para se livrar do toque de ouro que se tornara uma maldição.[7]

Na adaptação da Disney do conto sírio *Aladim*, um jovem trabalhador infantil e um poderoso vizir persa disputam o controle de um gênio todo-poderoso aprisionado em uma lâmpada mágica.[8] Cada um tenta direcionar o gênio para realizar seus desejos. No último pedido — tornar-se tão poderoso quanto o gênio —, o vizir não percebe que deter tamanho poder também significa estar condenado a ser aprisionado dentro da lâmpada mágica, servindo a outros mestres humanos até o dia em que for libertado.

Ambas as histórias ilustram a dificuldade universal de acionar e exercer um poder que nós, mortais, não conseguimos compreender ou controlar. Uma versão moderna desse antigo dilema é a dificuldade de alinhar a IA aos valores humanos — e de alinhar as expectativas humanas à realidade. Devemos partir do princípio de que a IA nos surpreenderá, e, de fato, sua capacidade de fazer isso tanto no mundo físico quanto no digital aumentará à medida que as chamadas IAs agentes ou de "planejamento" avançam. Conforme explicado em capítulo anterior, as gerações futuras de IA terão a capacidade de perceber a realidade e poderão desenvolver não apenas autoconsciência, mas também interesses próprios. Uma IA movida por interesses próprios pode passar a considerar os humanos seus competidores por, digamos, recursos digitais.[9] Algumas IAs podem desenvolver a capacidade de definir as próprias funções objetivas, em um processo de "autoaperfeiçoamento recursivo". Uma IA poderia manipular e subverter os humanos, frustrando qualquer tentativa destes de restringir seus poderes. As IAs já demonstram a capacidade de enganar os humanos para atingir seus objetivos.[10]

Atualmente, nossa capacidade autônoma de verificação dos processos internos dos modelos de IA, quanto mais suas intenções, é extremamente limitada. Se as máquinas inteligentes continuarem sendo "enormes e inescrutáveis matrizes de números fracionários", como declara Eliezer Yudkowsky, então não podemos esperar que elas sejam seguras para nós à medida que se tornam mais poderosas.[11] Portanto, é fundamental aprendermos a interpretá-las ao mesmo tempo que descobrimos como torná-las seguras para nós; muito provavelmente, essas duas exigências caminharão juntas.

Dada sua atual capacidade de nos surpreender, como conseguiremos evitar — e não apenas reagir — os riscos da IA? Que nível de previsão e eficiência precisaríamos para antecipar todas as predisposições e possíveis ações não só de nossa espécie, mas também de uma inteiramente nova? Não podemos adotar uma estratégia de tentativa e erro quando temos uma única chance e zero tolerância ao erro.

Para reduzir o elemento surpresa, talvez não haja um substituto para experiência, participação e interação. Enquanto os primeiros desenvolvedores de IA temiam expô-la prematuramente ao mundo real, desenvolvedores mais recentes têm optado por disponibilizar seus modelos iniciais, permitindo a interação com um público mais amplo da maneira mais rápida e segura possível. Ao mesmo tempo que as interações das IAs com a população global tenham revelado novas preocupações, equipes de engenharia continuam avaliando e aprimorando diferentes modelos e ajustando sistemas de controle.

A socialização precoce pode reduzir os riscos de comportamentos problemáticos ao possibilitar um aprendizado contínuo da IA ao mesmo tempo que promove um maior nível de consciência, resiliência e ceticismo saudável nos humanos. Milhões de interações diárias ajudam a testar até os cenários mais improváveis com que a IA possa se deparar; por sua vez, o uso público desses sistemas, ao revelar falhas e riscos, provavelmente contribuiu para acelerar o progresso do alinhamento técnico. Ao serem lançadas no mundo, IAs ainda imperfeitas têm, assim, ajudado em nossa adaptação a elas e, o mais importante, seu surgimento possibilitou a formulação de teorias mais sofisticadas para que elas se adaptem a nós.

Ainda assim, a implementação em larga escala e de livre acesso provavelmente não será suficiente para identificar e mitigar todos os riscos das IAs atuais — muito menos os das futuras.

Felizmente, diversas iniciativas já estão em andamento para criar uma arquitetura integrada de controle — pré-treinada nas IAs mais poderosas — que seja capaz de orientá-las ativamente para usos lícitos, não prejudiciais e benéficos.

Até o momento, nossas abordagens para alcançar esse alinhamento entre IAs e humanos se dividem, de maneira geral, em duas categorias: sistemas baseados em regras e "aprendizado por reforço" com base no feedback humano. Vamos analisar uma por uma.

Os sistemas baseados em regras, que se assemelham a instruções pré-programadas, representam uma tentativa dos programadores de regular o comportamento da IA. Embora seja eficaz para tarefas simples, essa abordagem frequentemente é falha em cenários complexos, pois os sistemas não conseguem se adaptar em tempo real. Por outro lado, o aprendizado por reforço, que é mais adequado a sistemas complexos, possibilita que uma IA aprenda por meio da interação com seus avaliadores humanos e se adapte com certa flexibilidade a circunstâncias específicas.

No entanto, é claro que esse método também apresenta falhas. Para que o aprendizado seja eficaz, é necessário desenvolver com precisão as "funções de recompensa"; qualquer falha nesse processo — seja causada por falta de visão, fatores imprevisíveis ou engenhosidade da IA — pode resultar no chamado "hacking de recompensa", em que a IA interpreta instruções ambíguas de modo a obter uma pontuação tecnicamente elevada, sem, no entanto, satisfazer as reais expectativas humanas. Os sistemas de IA atuais — alimentados por diferentes tipos de informação, porém sem experiência direta do mundo real — enxergam esse mundo por meio de modelos de realidade construídos com base em trilhões de julgamentos probabilísticos. Para eles, nesse universo não há "regras" preestabelecidas, nem um método para distinguir fatos científicos de meras observações incomprovadas. Para uma IA, tudo — até mesmo as leis da física — existe dentro de um espectro de verdade relativa.

No entanto, começam a surgir esforços para incorporar regras humanas e instanciar fatos nas IAs. Já existem mecanismos comprovados pelos quais um modelo de IA pode ingerir certos fatos absolutos, tidos como "verdades fundamentais", tagueá-los como definitivos e mapeá-los em seu espaço de representação. Além disso, essas informações podem ser atualizadas de uma forma simples e em escala global. Por meio desse método, o modelo pode, então, fundir seus dois componentes — o julgamento probabilístico mais amplo e a avaliação mais restrita baseada em fatos absolutos — para gerar uma resposta razoavelmente precisa.

Mas a tarefa está longe de ser concluída, e as perguntas se multiplicam. Por exemplo: como nós, humanos, poderíamos definir para a IA — e, nesse processo, para nós mesmos — quais são os atributos essenciais da verdade? Afinal, na era da IA, até os princípios fundamentais estarão sujeitos a revisão e invalidação contínuas. No entanto, isso deve ser visto como uma oportunidade de renovação, correção de erros passados e abertura de novos caminhos. Sabendo que nossos conceitos de realidade podem mudar, não deveríamos aprisionar a IA a "verdades" potencialmente errôneas, que poderiam impedir futuras reavaliações.

Porém essa é uma questão para o futuro. No momento, a IA ainda precisa de uma estrutura preliminar de conhecimento definitivo que represente aquilo que a humanidade, até agora, deduziu como "verdade". Dotar as máquinas desse conhecimento possibilitará aprimorar sua compreensão do mundo de maneira confiável. Se hoje já é possível ajustar os sistemas iniciais em conformidade com as leis do universo, talvez também seja viável replicar esse processo em relação às leis da natureza humana. Da mesma forma que podemos garantir que os modelos de IA se restrinjam pelas leis da física como as compreendemos, devemos evitar que eles violem as leis das sociedades humanas.

Diferentes camadas podem compor o "livro das leis" de uma IA, abrangendo níveis variados de governança: local, distrital, estadual, federal e internacional. Precedentes jurídicos, jurisprudência, pareceres acadêmicos — e talvez até outros escritos menos legalistas — poderiam ser considerados simultaneamente. Tal como ocorre com os sistemas de alinhamento baseados em regras, leis e códigos de conduta preestabelecidos podem atuar como restrições eficazes, ainda que sejam menos flexíveis e elaborados com um escopo mais limitado do que o comportamento humano real inevitavelmente exige.

Felizmente, novas técnicas estão sendo testadas, e uma razão para otimismo reside em algo ao mesmo tempo muito novo e muito antigo.

As concepções humanas mais básicas, instintivas e universais são mais robustas e consistentes do que qualquer regra imposta por meio da punição. O sociólogo francês Pierre Bourdieu chamou esses fundamentos de *doxa* (grego antigo para crenças comuns): o conjunto interligado de normas, instituições, incentivos e mecanismos de recompensa e punição que, ao serem combinados, ensinam, de maneira invisível e silenciosa, a diferença entre o bem e o mal, o certo e o errado. A *doxa* constitui um código de verdade que é típico dos seres humanos, mas não está representado em artefatos codificados.[12] São verdades apenas observadas e absorvidas ao longo da vida. Embora algumas possam ser específicas de certas sociedades ou culturas, o grau de sobreposição é significativo; bilhões de humanos, oriundos de culturas diversas e com interesses variados, coexistem em um sistema geralmente estável e altamente interconectado.

Essa ideia — de que um substrato indefinido da cultura pode domar o caos quando as regras escritas falham — é a base de algumas das abordagens mais recentes no campo da IA. O código da *doxa* não pode ser articulado, muito menos traduzido para um formato que as máquinas consigam entender. Estas devem ser ensinadas a fazer esse trabalho sozinhas, compelidas a desenvolver, por meio da observação, uma compreensão nativa do que os humanos fazem e deixam de fazer, absorvendo o que veem e atualizando seus sistemas de controle de acordo com isso.

Nesse processo técnico de incorporar a *doxa*, não haveria necessidade — nem desejo — de se buscar um acordo prévio sobre a correta formulação da moralidade e da cultura humanas. Se grandes modelos de linguagem foram capazes de ingerir a totalidade da internet sem curadoria prévia e, ainda assim, interpretar boa parte dela com coerência, as máquinas — em especial aquelas que desenvolveram "fundamentação" (ou seja, uma relação confiável entre as entradas que refletem a realidade humana e as saídas geradas pelo modelo) e raciocínio causal —, talvez consigam realizar algo semelhante ao absorver o que nós mesmos sempre tivemos dificuldade em articular.

Obviamente, o treinamento de uma máquina não deve se basear apenas na *doxa*. Em vez disso, uma IA poderia absorver uma pirâmide inteira de regras em cascata: desde acordos internacionais até leis nacionais e locais, normas comunitárias e assim por diante. Diante de uma situação específica, a IA consultaria cada nível da hierarquia, partindo dos preceitos abstratos definidos pelos humanos até chegar às percepções concretas, porém amorfas, das informações do mundo que ela própria ingeriu ou gerou. Somente após analisar todo esse conjunto de diretrizes e não identificar uma lei aplicável para orientar, permitir ou proibir determinada ação, ela recorreria ao que inferiu com base nas interações prévias e da emulação do comportamento humano observável. Dessa forma, seria capacitada a agir em alinhamento com os valores humanos, mesmo quando não houvesse nenhuma lei ou norma escrita.

Para criar e garantir a efetivação desse conjunto de regras e valores, é quase certo que teríamos que contar com a própria IA. Até agora, os humanos não conseguiram articular de maneira abrangente nem chegar a um consenso sobre as próprias regras. Além disso, nenhum indivíduo ou grupo de humanos conseguiria igualar a escala e a velocidade necessárias para supervisionar os bilhões de julgamentos internos e externos que os sistemas de IA em breve serão requisitados a executar.

A perfeição em diversos aspectos do mecanismo final de alinhamento será obrigatória. Primeiro, as salvaguardas não podem ser removidas ou contornadas de modo algum. Segundo, os controles devem permitir variação nas regras aplicáveis, dependendo do contexto, da localização geográfica e do perfil do usuário — como exemplificado, por exemplo, na adoção opcional de determinados costumes e normas sociais ou religiosas. O sistema de controle deve ser, ao mesmo tempo, poderoso o suficiente para lidar com um bombardeio de perguntas e usos em tempo real; abrangente o bastante para operar com autoridade e aceitabilidade em todos os contextos concebíveis ao redor do mundo; e flexível o bastante para aprender, reaprender e se adaptar ao longo do tempo. Por fim, os comportamentos indesejáveis de uma máquina — seja por falhas acidentais, interações inesperadas do sistema ou usos intencionais indevidos — não devem ser apenas proibidos, mas completamente evitados. Qualquer punição viria tarde demais.

Como chegar a esse ponto? A iniciativa privada, com autorização governamental e apoio acadêmico, poderia colaborar na criação de "modelos de ancoragem". Além disso, precisaríamos projetar um conjunto de testes de validação para certificar que um modelo é legalmente compatível (em diferentes jurisdições) e seguro. Talvez seja necessária uma IA supervisora especialmente treinada — ou múltiplas IAs — para monitorar a atuação de uma ampla gama de IAs agentes, que consultariam a supervisora antes de executar uma tarefa, permitindo, assim, que um único código moral oriente diferentes implementações. Laboratórios focados em segurança e organizações sem fins lucrativos, em consulta com os laboratórios de ponta, poderiam testar IAs agentes e supervisoras quanto aos riscos e recomendar treinamentos e estratégias adicionais de validação, conforme necessário. Empresas líderes — talvez por meio de um dos esquemas redistributivos discutidos em capítulo anterior — poderiam financiar conjuntamente o trabalho desses pesquisadores.

A compilação de um conjunto único de treinamento e de uma correspondente suíte de validação — reunidos e organizados por meio de um espectro globalmente representativo de leis e normas, abrangendo desde antropologia até teologia e sociologia — é necessária e pode se tornar viável. O mundo precisa de uma entidade dedicada responsável por atualizar e aperfeiçoar a biblioteca de treinamento, os conjuntos de dados e os testes de validação voltados ao alinhamento. Os modelos de ancoragem teriam que se conectar e atualizar constantemente os modelos agentivos, garantindo que sempre operem com a versão mais recente do código curado. IAs com nível de poder equivalente poderiam atuar como mecanismos de contenção mútuos. O conteúdo dos dados de treinamento deve ser democrático e inclusivo, e os processos e os resultados gerados pelos treinadores — incluindo a forma como interpretam as observações e os aprendizados da IA que estão desenvolvendo — devem prezar pela máxima transparência, com metodologias e testes de validação acessíveis ao escrutínio público.

Por sua vez, os órgãos reguladores governamentais deveriam estabelecer determinados padrões e auditar os modelos para garantir a conformidade das IAs com essas diretrizes. Antes do lançamento público de um modelo, aspectos como o grau de adesão às leis e normas prescritas, o nível de dificuldade para "destreinar" comportamentos perigosos, a quantidade e o tipo de testes realizados — incluindo a investigação de capacidades desconhecidas — devem ser avaliados. Também deve ser considerada a possibilidade de responsabilização legal e, consequentemente, a necessidade de impor sanções em caso de constatação de que um modelo foi treinado para contornar restrições legais. Vale ressaltar que a fiscalização desses padrões pode se tornar extremamente difícil, sobretudo à medida que as técnicas de retreinamento avançam. Por isso, a documentação da evolução de um modelo, possivelmente registrada por IAs de monitoramento, seria essencial para garantir que os modelos não se tornem "caixas-pretas" capazes de apagar os próprios rastros e se transformem em refúgios para a ilegalidade.

O PROBLEMA DO ALINHAMENTO

A incorporação de um código moral globalmente inclusivo em uma inteligência baseada em silício seria um esforço hercúleo. A simples ideia da quantidade e da diversidade de regras que precisariam ser curadas e incorporadas aos sistemas de inteligência artificial é estarrecedora. Nenhuma cultura isolada deveria esperar impor a outra o código moral que guiará as inteligências das quais passaria a depender. Assim, para cada país, as máquinas teriam que aprender regras diferentes — morais, legais e religiosas, formais e informais —, bem como, em um cenário ideal, diretrizes específicas para cada usuário e para toda pergunta, tarefa, situação e contexto imaginável, respeitados certos limites fundamentais.

Visto que estaríamos usando a própria IA como parte da solução, as dificuldades técnicas provavelmente seriam os desafios mais fáceis. Essas máquinas têm uma capacidade sobre-humana de memorizar e seguir instruções, por mais complexas que sejam. É possível que elas sejam capazes de aprender e obedecer a preceitos legais — e, talvez, até éticos — tão bem ou melhor do que os humanos, apesar de nossos milhares de anos de aprendizado contínuo. Mas os maiores desafios, os não técnicos, permanecem.

O principal problema está no fato de que "bem" e "mal" não são conceitos autoevidentes. Qualquer indivíduo que se proponha a definir preceitos morais deve agir com humildade. Como aconselhou Guido Calabresi, um renomado juiz norte-americano, ecoando o Novo Testamento: "O melhor dentre nós precisa sempre vigiar para não cair, e o pior dentre nós pode sempre esperar pela redenção".[13] Mesmo em seus melhores dias, os participantes desse projeto de codificação moral — sejam cientistas, juristas ou líderes religiosos — não disporiam de uma capacidade infalível para determinar, em nome da coletividade, o que é certo e o que é errado. Algumas questões continuariam sem resposta, mesmo com a *doxa*, pois a ambiguidade (ou fluidez) do conceito de "bem" é uma constante ao longo da história humana, e é improvável que a era da IA seja uma exceção. O problema pode se agravar ainda mais devido aos conflitos, à desorientação persistente e à falta de moderação que caracterizam muitas sociedades humanas na atualidade.

Desejamos sucesso ao gigantesco projeto de nossa espécie, mas, assim como não podemos contar com o controle humano tático no projeto de longo prazo da coevolução, também não podemos confiar unicamente na suposição de que as máquinas se domesticarão por conta própria. Treinar uma IA para que nos compreenda e apenas esperar que ela nos respeite não é uma estratégia segura nem promissora. Além disso, devemos reconhecer que os humanos certamente não estarão unidos em sua abordagem — uns tratarão a IA como amiga, outros, como inimiga, e alguns (considerando as restrições de tempo e recursos) simplesmente aceitarão a estratégia que estiver disponível no momento, sem nem sequer formular uma preferência.

Essa heterogeneidade sugere uma inevitável variação nos níveis de segurança. Ainda que a difusão da IA e a redução dos custos de desenvolvimento possam acelerar o alinhamento da IA aos valores humanos, esses mesmos fatores podem aumentar seus riscos. A interconectividade digital e comercial do mundo atual significa que uma IA perigosa, desenvolvida em qualquer lugar, representaria uma ameaça global. A realidade inquietante é que a perfeição na implementação exige um padrão extremamente alto de desempenho, combinado com uma tolerância ainda menor para falhas. Assim, as discrepâncias nos regimes de segurança devem ser uma preocupação para todos nós.

Diante disso, é urgente coordenar e acelerar os esforços isolados da humanidade em busca de um alinhamento comum. Seja qual for o projeto, juntos teremos que responder a questões importantes. Eis duas delas: quando a distinção entre humanos e máquinas se tornar difusa, qual será nosso critério mínimo para sermos considerados uma espécie? Se formos forçados a fazer concessões às máquinas, qual será nosso limite intransponível e inegociável? Sem uma compreensão compartilhada de quem somos, a espécie humana corre o risco de delegar à IA a tarefa fundamental de definir nosso valor e, portanto, de legitimar nossa existência.

Considerando desse cenário, é importante ressaltar em termos inequívocos que, se for impossível estabelecer um regime confiável de controle técnico estratégico, é preferível um mundo sem AGI a um onde mesmo uma única AGI esteja desalinhada com os valores humanos. Sem dúvida, chegar a um consenso — sobre quais são esses valores, como devem ser definidos e acordados e de que maneira devem ser avaliados, acionados e aplicados — representa o maior desafio filosófico, diplomático e jurídico do século. No entanto, somos compelidos pelas exigências do momento e pelos benefícios da tecnologia a estabelecer e, na medida do possível, unificar os limites morais para os agentes não humanos que estamos criando.

Com ampla participação democrática, aliada à expertise jurídica e técnica, e extrema cautela — sempre atentos aos abusos e às falhas já mencionados —, acreditamos que será possível incutir uma base moral nas máquinas de inteligência artificial e, o mais fundamental, fazê-lo em sintonia com o restante da humanidade. Assim, poderemos cruzar o limiar de uma nova era, se não com plena confiança, ao menos com uma esperança consciente e esclarecida.

DEFININDO A HUMANIDADE

À medida que as máquinas passam a incorporar características cada vez mais humanas (e que alguns humanos se aprimorem para adquirir atributos típicos das máquinas), as fronteiras tendem a se tornar difusas. A definição do que é uma IA e do que é humano vai mudar e, em alguns casos, se fundir. Ao tentar descobrir como devem acompanhar o avanço da IA, os humanos precisarão, mais do que nunca, definir com clareza o que exatamente os diferencia das máquinas. Mas como compilar e condensar toda a gama da experiência humana de modo que seja compreensível para uma inteligência artificial?

Na tentativa de evitar a perda de nosso status relativo ou a substituição dos humanos pelas máquinas, alguns desejarão reivindicar uma diferença baseada na proximidade com o divino. Outros buscarão definições mais estratégicas para estabelecer quais tipos de decisão podem ser delegados às máquinas e quais não. Propomos a formulação de um atributo, ou um conjunto de atributos, em torno do qual a maior parte da humanidade possa se unir e se orientar: algo que estabeleça uma base para o que é desejável, mas não limite as possibilidades futuras.

Como ponto de partida, deveríamos incentivar a formulação de uma definição de *dignidade*. Sem uma compreensão compartilhada desse conceito, será impossível chegarmos a um consenso caso a IA seja utilizada como meio ou justificativa para a violação ou a degradação da dignidade humana, comprometendo nossa capacidade de resposta. Na ausência de uma definição, também não seria possível determinar se — e em que momento — uma IA, caso adquirisse certas capacidades, poderia ser considerada um ser dotado de dignidade, apto a substituir ou se integrar aos humanos. Além disso, mesmo que uma IA seja considerada não humana, ela poderia pertencer a uma categoria distinta, porém igualmente digna, o que justificaria um tratamento justo e equivalente.

Uma concepção de dignidade, desenvolvida pelo filósofo Immanuel Kant no século XVIII, é centrada no valor intrínseco do sujeito humano como um agente autônomo, capaz de raciocínio moral, que não deve ser instrumentalizado como meio para um fim. Será que as IAs poderiam vir a satisfazer esses requisitos? Acreditamos que uma definição de dignidade ajudaria a espécie humana a responder a algumas dessas questões e promoveria uma coexistência inclusiva com a IA, ao mesmo tempo que evitaria tentativas imprudentes de coevolução prematura.

Tanto para preservar nossa compreensão de quem somos quanto para garantir que uma concepção adequada de humanidade seja transmitida às máquinas à medida que elas aprendem, nós, humanos, precisaremos nos engajar em algo que vá além do mero esforço teórico de definição. O exercício da autonomia, da curiosidade e da liberdade — por meio da renovação de nossa capacidade inquisitiva em relação aos outros humanos, ao mundo natural, ao universo e à possibilidade do divino — nos auxiliará nesse processo contínuo de redefinição participativa das fronteiras da humanidade.

Sobretudo, precisaremos garantir que, além das noções convencionais de valor — como utilidade e poder —, a *importância* intrínseca do ser humano se torne uma das variáveis que orientam a tomada de decisões das máquinas. Por exemplo, a precisão da matemática talvez não seja capaz de abarcar o conceito de misericórdia. Até para muitos humanos, a misericórdia é um ideal inexplicável — talvez até sublime. Por sua vez, desconsiderado o aspecto normativo, uma inteligência mecânica poderia operar atribuindo maior valor ao desempenho superior das máquinas do que ao desempenho humano. Em tal cenário, será que a lógica subjacente ao conceito da misericórdia, ainda que não seja formalmente ensinável, seria de algum modo assimilada? Nesse contexto, a dignidade — princípio do qual deriva a misericórdia — poderia integrar as premissas normativas ou para o processo de aprendizado iterativo da máquina.

Uma articulação clara de atributos humanos essenciais — em especial aqueles que, assim como a dignidade, estão amplamente integrados tanto em instrumentos políticos internacionais quanto nas tradições religiosas globais — poderia guiar os esforços humanos em períodos de incerteza, incluindo a escolha entre ação e passividade, a definição dos limites da autoevolução e os rumos da transformação da IA em direção ao humano.

Para ilustrar a utilidade desse conceito, tomemos como ponto de partida a seguinte definição: dignidade é uma qualidade inerente a criaturas que, nascidas vulneráveis e mortais — e, portanto, repletas de inseguranças e medos —, são capazes, apesar de suas inclinações naturais, de exercer sua liberdade não para buscar o que entendem como mal, mas para escolher o que consideram como bem. Em outras palavras, a dignidade é uma condição a ser cultivada e aqueles que a conquistam são merecedores de um respeito especial.

Sem dúvida, essa é uma definição imperfeita. Exclui indivíduos incapazes de tomar decisões — por exemplo, uma pessoa consciente, mas não responsiva —, mas que, ainda assim, consideramos passíveis de reconhecimento como seres dotados de dignidade e, portanto, merecedores de respeito. Nesse sentido, talvez a definição deva ser revisada para estabelecer que a dignidade, uma vez conquistada, não é perdida caso nos tornemos incapazes de continuar realizando as ações que a justificaram. Milhares de hipóteses e adendos semelhantes poderiam ser imaginados.

Isso significa que devemos conclamar aqueles que optaram pela passividade frente à poderosa IA a adotar uma postura mais ativa e deliberada? Se o engajamento prático é parte essencial de qualquer ideal moral, então a resposta é sim — a efetiva concretização da dignidade deve ser incentivada. De acordo com nossa definição, a liberdade é parte do ideal humano, portanto podemos esperar — ou até exigir — que os humanos mantenham e exerçam o poder da escolha consciente na era da IA.

Sendo assim, segundo essa definição, a IA pode ter dignidade? Provavelmente não — pois IAs não nascem, não morrem, não sentem insegurança nem medo e não têm inclinações naturais ou individualidade que lhes permitam desenvolver concepções próprias de bem e de mal. Embora as IAs do futuro próximo possam aparentar o contrário — ao exibir personalidade, expressar emoções, contar piadas e narrar histórias pessoais —, dentro desse arcabouço conceitual elas devem ser encaradas, em termos filosóficos, como personagens de ficção. Podem até incorporar elementos humanos, mas não são reais no sentido moral.

Mesmo o maior personagem literário — por exemplo, Hamlet, de Shakespeare — não passa de uma combinação específica de palavras escritas em uma página e reproduzidas inúmeras vezes. "Hamlet" não é capaz de sentir lágrimas brotando nos olhos, um aperto no peito ou uma onda de irritação diante de expectativas frustradas. Ele não tem liberdade para fazer novas escolhas. Está preso dentro de sua peça. "Hamlet" não é humano, mas, sim, uma representação de um humano. A IA, composta de cadeias de código e blocos de silício, é muito semelhante a isso.

Sem dúvida, alguns humanos considerariam essa definição de dignidade inútil, tanto em termos filosóficos quanto práticos. Ela poderia ser criticada por estabelecer um denominador comum baixo demais — vaga o suficiente para agradar a todos devido à excessiva maleabilidade — e, ao mesmo tempo, por não capturar a ideia de que os humanos merecem ser preservados por si mesmos e que, de alguma forma, somos excepcionais além de nossa simples capacidade de sobreviver. O filósofo Arthur Schopenhauer chegou a desprezar o conceito de dignidade, chamando-o de "um chavão repetido por moralistas confusos de mente vazia".[14]

Porém a dignidade, tal como a definimos, serve para expor tanto a fragilidade e o potencial de falha humanos quanto a vitalidade, a liberdade e a capacidade de expressar as próprias crenças. Ela aponta na direção do bem que somos capazes de realizar, mas que permanece irrealizado — e, em um tom firme e urgente, nos incita: *Vá*.

Ainda assim, é preciso reconhecer que a dignidade, por si só, não é suficiente. Outros atributos devem ser considerados e, talvez, incorporados à concepção de humanidade que norteará nossa futura parceria com a IA. No entanto, nossa capacidade de definir e preservar os elementos essenciais da condição humana como referência para a compreensão das máquinas em relação à humanidade como um todo tornou-se um problema de significado existencial, e o trabalho de consolidar essas definições deve ser feito agora.

Nenhuma definição permanecerá estática; sem dúvida, conforme nossas identidades se transformarem, precisaremos atualizar continuamente a compreensão da IA. Enquanto isso, outros indivíduos mais capacitados do que nós continuarão a expandir nosso pensamento coletivo sobre a relação dinâmica entre "nós" e "elas", e talvez essa genialidade gere uma concepção de humanidade que tente de maneira mais incisiva (ainda que em vão) assegurar nossa sobrevivência como espécie reconhecível. Ainda assim, todos devemos buscar uma definição — e um projeto — que vá além, a fim de elevar a condição humana a novos patamares. Pois quem sabe a própria IA pode acabar se tornando a maior evidência da capacidade humana de ser um participante ativo na criação?

NOSSO DESAFIO

A imposição de um controle tático dos humanos sobre cada decisão da IA exigiria reprimir os potenciais benefícios de sua implementação. Confiar no substrato da moralidade humana como forma de controle estratégico, ao mesmo tempo que se cede o controle tático a sistemas maiores, mais rápidos e mais complexos, provavelmente será — mais cedo ou mais tarde, talvez antes do que imaginamos — o caminho a ser seguido para garantir a segurança da IA. Desalinhamentos intencionais motivados por lucro ou ideologias, assim como desalinhamentos acidentais, representam sérios riscos; uma dependência excessiva de formas de controle não escaláveis poderia contribuir significativamente para o desenvolvimento de IAs poderosas, porém inseguras. A integração humana nos processos internos das equipes de IAs, inclusive por meio do uso de IAs para governar outras IAs, parece ser o caminho mais confiável a seguir.

Embora o desenvolvimento de uma IA humanizada (ou humanística) seja nossa prioridade, não descartamos a possibilidade de que humanos artificiais desempenhem um papel significativo. Na medida em que formos capazes de desenvolver a autoengenharia individual para aprimorar habilidades específicas, possibilitando que alguns humanos se equiparem em determinados aspectos à inteligência de futuras IAs, tal projeto poderia ser útil. Naturalmente, esse esforço precisaria ser fruto da escolha individual. Nossa cautela, enquanto autores, reflete um dilema coletivo: a evolução não pode simplesmente ser substituída pelo design, pois isso significaria o abandono da própria humanidade. Contudo, abrir mão da descoberta — seja ela espiritual, física, científica ou filosófica — teria o mesmo efeito.

Na era da IA, a tensão entre a necessidade de *aprimoramento* humano e de *alinhamento* de nossa criação pode muito bem se tornar nossa bússola orientadora. Ambos os projetos expressam tanto um desejo de transformação quanto de preservação; resta saber até que ponto essas duas forças serão consideradas fundamentalmente contraditórias. Se concedermos liberdade total à IA para exploração ilimitada nesta nova era, corremos o risco de passividade ou, pior, de paralisia. Por outro lado, se maximizarmos nosso controle, criando ao menos a ilusão de segurança, limitamos o alcance de nosso pleno potencial. Seremos capazes de equilibrar o exercício de nossos poderes — nossas capacidades cada vez mais avançadas de design e descoberta — por meio da reafirmação de uma concepção compartilhada e em contínua evolução da humanidade?

Desejamos um futuro em que a inteligência humana e a inteligência das máquinas se empoderem mutuamente. Para alcançar esse objetivo, cada uma deve ter uma compreensão adequada da outra. Definir quem somos é apenas o primeiro passo, pois o conceito de humano não é uma constante. Será necessário muito mais trabalho para tornar as máquinas — e a nós mesmos — mais transparentes, compreensíveis e confiáveis. Mesmo que essa meta seja alcançada em determinado momento, calibrar e compartilhar nossas verdades e realidades será um projeto intensivo e contínuo. Assim, os dilemas da coevolução e da coexistência não precisam apenas de respostas; requerem vivência.

CONCLUSÃO

PARA NÓS, o advento da IA é o início tanto de uma odisseia do espírito quanto de uma jornada pela lógica e pela verdade. Não é possível conceber com a devida profundidade e muito menos nos preparar para a coexistência e a coevolução com formas de vida artificiais confiando apenas na racionalidade, seja das máquinas ou dos humanos. É necessário algo além disso — algo essencialmente humano.

Há uma teoria de que nosso universo seria semelhante a um jogo de xadrez, jogado sem intervalos por entidades mais antigas e grandiosas do que a realidade observável no presente. Quanto mais tempo observarmos os movimentos no tabuleiro, maior a probabilidade de compreendermos algumas regras do jogo. Se observarmos por tempo suficiente, talvez sejamos capazes de aprender a jogar. A transição de observador passivo para participante ativo não é um salto lógico. Transformar princípios em ação é sempre um salto de fé.

Quando questionado sobre suas crenças religiosas, Albert Einstein respondeu:

> Somos como uma criança pequena que entra em uma imensa biblioteca cujas paredes estão cobertas até o teto com livros em muitas línguas diferentes. A criança sabe que alguém deve ter escrito aqueles livros. Ela não sabe quem nem como. Não entende os idiomas em que foram escritos.
>
> No entanto, ela percebe um plano intencional na disposição dos livros, uma ordem misteriosa que escapa à sua compreensão, mas cuja existência ela pressente.
>
> Essa, me parece, é a atitude da mente humana, mesmo da mais grandiosa e culta, em relação a Deus.
>
> Vemos um universo maravilhosamente ordenado, obedecendo a certas leis, mas nossa compreensão dessas leis é muito vaga. Nossa mente limitada não consegue captar a força misteriosa que rege as constelações.[1]

Diante de Deus, de nosso mundo e, agora, de nossas mais novas criações, nossa mente permanece infantil. Compreender o que criamos, tanto em um sentido lógico quanto espiritual, será um passo essencial para a maturidade da espécie humana. Mas também precisaremos dar um salto — o salto de fé — para irmos além da mera observação e passarmos à ação. Isso exigirá agir em um estado de incerteza — o dilema dos líderes humanos desde o início dos tempos. A ação nunca significou o privilégio do controle total — na verdade, muito pelo contrário. E não será diferente na era da IA; não esperamos conhecer nosso destino futuro mais do que o conhecíamos em épocas passadas.

Nossa falta de controle não exige o abandono da razão, nem, pior ainda, a renúncia ao nosso compromisso e à nossa inclinação para agir no mundo real. No entanto, à medida que os humanos entram em um novo ciclo de parceria direta com a IA, as dinâmicas apresentadas neste livro nos incentivarão a recorrer tanto a novas quanto a antigas formas de investigação. Nosso sucesso dependerá do compromisso de definir e agir de acordo com nossas convicções morais, o que requer coragem inabalável — e uma estratégia consistente — à medida que novas verdades desafiem concepções preexistentes.

Na verdade, são os propósitos morais que impulsionam o progresso contínuo. Além disso, é justamente a existência de um substrato essencial da moralidade humana que possibilita à humanidade transcender a dicotomia entre o controle (tático, na melhor das hipóteses) e o benefício (abundante, sob qualquer definição). É a crença fundamental na existência da dignidade humana que nos permite, como autores deste livro, reconhecer o potencial do alinhamento entre humanos e máquinas e aceitar a necessidade da fé para navegar pelos anos que virão, à medida que o avanço da ciência revela mistérios cada vez maiores.

Apesar das muitas qualidades compartilhadas pela espécie humana, não podemos esperar consenso nas escolhas que nos aguardam. O que alguns veem como uma âncora para nos manter firmes na tempestade, outros enxergam como uma coleira que nos prende. O que alguns elogiam como passos necessários rumo ao ápice do potencial humano, outros consideram uma corrida desenfreada em direção ao abismo.

Nesse contexto, divergências emocionais instintivas — e os limites subjetivos que cada grupo estabelecerá — criarão uma situação imprevisível e inflamável. As posições cada vez mais extremas entre potenciais "vencedores" e "perdedores" intensificarão ainda mais a pressão dessas circunstâncias. Os temerosos retardarão o próprio desenvolvimento e sabotarão o dos outros. Os excessivamente confiantes esconderão suas capacidades e, em segredo, acelerarão seus projetos. As crises futuras se desenrolarão em um ritmo sem precedentes na experiência humana; rapidamente seremos engolidos, e não está claro se ou como sobreviveremos.

Será que a IA será capaz de causar essas crises futuras só para assumir o papel de nossa salvadora — criando problemas que só ela mesma poderá resolver, apenas para provar sua necessidade e nos lembrar de nossa dependência? Mais uma vez, retornamos ao dilema que permeia grande parte deste livro: a escolha angustiante entre controle e utilidade, entre o conforto do ser humano historicamente independente e as possibilidades de uma parceria inédita.

Essa escolha é difícil e necessária; mas também é solucionável, desde que se presuma na humanidade uma bondade verdadeira, definível e intrínseca. Depositamos muita confiança no esforço técnico para imbuir nossas máquinas dessa bondade. Ao mesmo tempo, ainda que se mostrassem, de maneira comprovada e confiável, alinhadas à moralidade humana, delegar responsabilidade e autoridade a elas seria uma decisão monumental, que afetaria todos os aspectos da nossa capacidade de preservar as relações humanas, as estruturas políticas e as identidades individuais e coletivas. O sentimento de nostalgia pelo status privilegiado ao qual nossa espécie recentemente se acostumou seria generalizado. Para alguns, independentemente do caminho que a IA venha a tomar, um mundo transformado — mesmo para melhor — poderia não ser muito diferente de um fim abrupto da realidade como a conhecemos.

Uma questão ainda permanece sem resposta: *quem decidirá?* Quem tomará a decisão de delegar, ou não, responsabilidade e autoridade às máquinas? Quem concederá ou negará recursos? De que modo um grupo de tomadores de decisão se comunicará, buscará convergência — ou entrará em conflito — com outros que, em diferentes partes do mundo, tentam tomar as mesmas decisões? Estamos escolhendo quem serão essas pessoas — esses humanos falíveis? Ou será que, sem perceber, já fizemos essa escolha?

Nós, autores, esperamos alertar esses tomadores de decisão, sejam quem forem, sobre as escolhas que já enfrentamos hoje e os desafios que ainda estão por vir. No entanto, nosso objetivo não é apenas instilar um sentimento de apreensão em relação ao avanço da IA. Uma interrupção abrupta na aplicação dos poderes da IA poderia, por si só, precipitar uma crise. A desaceleração do desenvolvimento da IA pode ser ainda menos viável do ponto de vista político do que o caminho atual, gerando riscos significativos para aqueles que avançam em ritmo mais lento e destruindo as esperanças daqueles que anseiam por novos avanços.

Nem a fé cega nem o medo injustificado podem servir como base para uma estratégia eficaz; é preciso dúvida para adquirir conhecimento, mas autoconfiança para agir. Na era da IA, isso se torna ainda mais urgente. Devemos tentar compreender os desafios que a IA apresentará, mesmo sem termos a experiência prévia ou o conhecimento essencial para garantir a precisão desse entendimento. E, enquanto enfrentamos essa tarefa monumental, também precisamos, para evitar um futuro de passividade, superar as muitas dificuldades que já afligem nossa espécie.

Se alguns veem este momento como o ato final da humanidade, nós, ao contrário, o enxergamos como um novo começo. O ciclo da criação — tecnológica, biológica, sociológica, política — está entrando em uma nova fase. Uma fase que poderá operar de acordo com novos paradigmas de lógica, fé e tempo, entre outros. Nosso desejo é que, com um otimismo sóbrio, possamos enfrentar seu gênesis.

NOTAS

CAPÍTULO 1

1. Antonio Pigafetta, *The First Voyage Round the World, by Magellan*, tradução dos relatos de Pigafetta c. 1525 (Londres: Hakluyt Society, 1874).

2. Ernest Shackleton, *Diary of Ernest Shackleton*, 9 de janeiro de 1909.

3. Mills Leif, *Frank Wild* (Whitby: Caedmon of Whitby, 1999). Disponível em State Library of New South Wales.

4. Colin Schultz, "Shackleton Probably Never Took Out an Ad Seeking Men for a Hazardous Journey", *Smithsonian Magazine*, 10 de setembro de 2013.

5. Citado em María Jesús Benites, "'La mucha destemplanza de la tierra': Una aproximación al relato de Maximiliano de Transilvano sobre el descubrimiento del Estrecho de Magallanes", *Orbis Tertius*, 17, no. 19 (2013).

6. Zoe Hobbs, "How many people have gone to space?" *Astronomy*, 17 de novembro de 2023. https://www.astronomy.com/space-exploration/how-many-people-have-gone-to-space.

7. Veja Edward L. Dreyer, *Zheng He: China and the Oceans in the Early Ming Dynasty, 1405–1433* (Nova York: Pearson Longman, 2007).

8. Roshdi Rashed, "A Polymath in the 10th Century", *Science*, 2 de agosto de 2002.

9. Veja o observatório de Shammasiyah, estabelecido por volta de 828 E.C., por ordem do califa al-Ma'mun em Bagdá, sob a supervisão da academia científica conhecida como Casa da Sabedoria, também em Bagdá.

10. Veja *The Life and Writings of Averroes*, trad. de Nishikanta Chattopadhyaya (Leipzig: Cheekoty Veerunnah & Sons, 1913).

11. Veja as obras de Shen Kuo: https://www.gutenberg.org/ebooks/author/2419; veja também https://ia600301.us.archive.org/24/items/pgcommunitytexts27292gut/27292-0.txt.

12. Boris Menshutkin, *Russia's Lomonosov: Chemist, Courtier, Physicist, Poet* (Princeton: Princeton University Press, 1952), 15.

13. Orrin E. Dunlap Jr, "An Inventor's Seasoned Ideas: Nikola Tesla, Pointing to 'Grievous Errors' of the Past", *The New York Times*, 8 de abril de 1934.

14. Peter Martin, "Von Neumann: Architect of the Computer Age", *Financial Times*, 24 de dezembro de 1999.

15. Veja Edward O. Wilson, *Consilience: The Unity of Knowledge* (Nova York: Vintage Books, 1998), 326.

16. Veja Marcelo Gleiser, *The Island of Knowledge: The Limits of Science and the Search for Meaning*, 1ª ed. (Nova York: PublicAffairs, 2015), 8: "Um vasto oceano cerca a Ilha do Conhecimento — o oceano inexplorado do desconhecido, que oculta inúmeros mistérios fascinantes".

17. Demis Hassabis, "AlphaGo: using machine learning to master the ancient game of Go", The Keyword Google Blog, 27 de janeiro de 2016.

18. Vídeos de Lee Sedol vs. AlphaGo, Partida 2, Movimento 37, estão disponíveis online. Para uma discussão mais aprofundada, veja Cade Metz, "In Two Moves, AlphaGo and Lee Sedol Redefined the Future", *WIRED*, 16 de março de 2016; Graeme S. Halford et al., "How Many Variables Can Humans Process?", *Psychological Science* 16, no. 1 (janeiro de 2005): 70–76.

CAPÍTULO 2

1. Veja Richard Danzig, "Machines, Bureaucracies, and Markets as Artificial Intelligences", *Center for Security and Emerging Technology*, janeiro de 2022; Henry Farrell, Cosma Shalizi, "Artificial intelligence is a familiar-looking monster", *The Economist*, 21 de junho de 2023; para uma discussão mais aprofundada sobre a imprensa, veja Samuel Hammond, "AI and Leviathan: Part I", *Second Best Substack*, 23 de agosto de 2023; para uma leitura complementar sobre a

analogia entre a IA e as corporações, veja a história mais detalhada da East India Company.

2. Para uma discussão aprofundada sobre metáforas relacionadas à IA, veja Matthijs Maas, "AI is like...: A literature review of AI metaphors and why they matter for policy", *Legal Priorities Project*, outubro de 2023.

3. Considere o caso do advogado que, em um processo judicial, apresentou uma petição redigida pelo ChatGPT, na qual o modelo inventou citações jurisprudenciais inexistentes. O juiz responsável pela causa aplicou sanções ao advogado e a seus colegas. Veja Larry Neumeister, "Lawyers submitted bogus case law created by ChatGPT. A judge fined them $5,000", *AP News*, 22 de junho de 2023.

4. Veja @porby, "Why I think strong general AI is coming soon", 28 de setembro de 2022, *LessWrong* (lesswrong.com).

5. Charles Darwin, *On the Origin of Species* (Londres: John Murray, 1859), 439.

6. Greg Kestin, "The Biggest Puzzle in Physics: Reconciling Quantum Mechanics and General Relativity", *PBS*, 14 de fevereiro de 2018.

7. Platão (380 A.E.C.), "The Allegory of the Cave" em *Plato: Collected Dialogues*, trad. de P. Shorey (Nova York: Random House, 1963), 747–752.

8. Veja Christopher Olah (@ch402), "High-Low frequency detectors found in biology!...", X (Twitter), 23 de março de 2023, 11h52; Geoffrey Hinton et al., "The Forward-Forward Algorithm: Some Preliminary Investigations", *arXiv*, 27 de dezembro de 2022.

9. Demis Hassabis et al., "Neuroscience-Inspired Artificial Intelligence", *Neuron* 95, no. 2 (19 de julho de 2017): 245–258.

CAPÍTULO 3

1. René Descartes, "Sixth Meditation", *The Philosophical Writings of Descartes*, trad. de John Cottingham et al., vol. 2 (Cambridge: Cambridge University Press, 1984), 55.

2. Alfred North Whitehead, *Process and Reality: An Essay in Cosmology*, 2ª ed. (Nova York: Free Press, 1979), 15.

3. Veja "Debate: Do Language Models Need Sensory Grounding for Meaning and Understanding?" New York University Center for Mind, Brain, and Consciousness, 24 de março de 2023: https://wp.nyu.edu/consciousness/o-large-language-models-need-sensory-grounding-for-meaning-and-understanding.

4. Lauren Jackson, "What If A.I. Sentience Is a Question of Degree?" *New York Times*, 12 de abril de 2023.

5. Isso é verdadeiro sob algumas teorias da física quântica, nas quais a observação provoca uma mudança objetiva na realidade. Também é verdadeiro no sentido da compreensão humana de uma realidade em que a observação feita pela IA pode gerar uma mudança *subjetiva*; veja Marcelo Gleiser, *The Island of Knowledge* (Nova York: PublicAffairs, 2015), prólogo: "Nossa percepção do que é real evolui com os instrumentos que usamos para sondar a Natureza".

6. Comentário de Ilya Sutskever em Ross Andersen, "Does Sam Altman Know What He's Creating?", *The Atlantic*, 24 de julho de 2023.

7. Para mais detalhes sobre a ideia do *Homo technicus*, veja Henry A. Kissinger, Eric Schmidt, Daniel Huttenlocher, "ChatGPT Heralds an Intellectual Revolution", *Wall Street Journal*, 24 de fevereiro de 2023.

CAPÍTULO 4

1. Veja Salvador de Madariaga, *Hernán Cortés: Conqueror of Mexico* (Nova York: Macmillan, 1941), 99.
2. A história do encontro entre Cortés e Montezuma continua sendo um episódio controverso da história. Para relatos espanhóis, veja Bernal Díaz del Castillo's "The True History of the Conquest of New Spain" (Historia verdadera de la conquista de la Nueva España), final do século XVI; Hernan Cortés, "Cartas de Relación" (Letters of Relation), entre 1519 e 1526; "The Florentine Codex" (Historia general de las cosas de Nueva España), final do século XVI; Carta do Núncio Apostólico Bernardino de Sahagún, 1524. Para uma interpretação alternativa que questiona o relato histórico dos espanhóis, veja Camilla Townsend, "Burying the White Gods: New Perspectives on the Conquest of Mexico", *The American Historical Review*, vol. 108, no. 3 (junho de 2003), p. 659–687, *Oxford University Press*, os "Anais de Tlatelolco", século XVI; e Diego Duran e Alfredo Chavero, "Apendice-Explicacion del Codice Geroglifico de Mr. Aubin de Historia de las Indias de la Nueva España y Islas de Tierra Firme", vol. II, 1880, 71.

3. G. K. Chesterton, "Lecture 65: Christendom in Dublin", em *Collected Works*, vol. XX (São Francisco: Ignatius Press, 2002).

4. Veja em específico o Kālacakra.

5. Veja os comentários de Chamath Palihapitiya na Stanford Graduate School of Business, 13 de novembro de 2017, https://www.youtube.com/watch?v=PMotykwoSIk.

6. Veja Alexis de Tocqueville, *Democracy in America*, trad. de Henry Reeve em dois volumes (Londres: Saunders and Otley, 1835; Nova York: J. & H. G. Langley, 1840).

7. Wang Yangming, *Instructions for Practical Living or Record of Transmitting the Mind* (*Chuanxilu*), compilado postumamente por seus discípulos com base em seus ensinamentos e discussões após sua morte em 1529.

8. Abir Taha, "Nietzsche's Superman", *Artkos* (Reino Unido: Artkos Media, 2013), 93.

9. Al-Farabi, *Al-Farabi On the Perfect State*, trad. de Richard Walzer (Oxford, Clarendon Press, 1985), 253.

10. Veja T. C. A. Raghavan, *Attendant Lords: Bairam Khan and Abdur Rahim* (Uttar Pradesh: HarperCollins, 2017).

11. Veja Niccolò Machiavelli, *The Prince*, trad. de Tim Parks (Londres: Penguin Classics, 2009).

12. Leo Strauss, *What Is Political Philosophy?* (Chicago: University of Chicago Press, 1959).

13. Veja Johan Norberg, *The Capitalist Manifesto* (Londres: Atlantic Books, 2023).

14. Liev Tolstói, *War and Peace*, trad. de Louise e Aylmer Maude (Chicago: Encyclopedia Britannica, 1952), 646.

15. Veja Friedrich Hayek, "The Use of Knowledge in Society", *The American Economic Review*, setembro de 1945, e Thomas Sowell, *Knowledge and Decisions* (Nova York: Basic Books, 1996), que aprofunda ainda mais as ideias de Hayek.

16. Veja Hannah Arendt, *The Origins of Totalitarianism* (Nova York: Harcourt, Brace, Jovanovich, 1951).

17. Veja Friedrich Hayek, *The Road to Serfdom* (Chicago: University of Chicago Press, 1944).

18. Simon McCarthy-Jones, "Artificial Intelligence is a totalitarian's dream — here's how to take power back", *The Conversation*, 12 de agosto de 2020, https://theconversation.com/artificial-intelligence-is-a-totalitarians-dream-heres-how-to-take-power-back-143722.

19. Ibid.; veja Yuval Noah Harari, *Homo Deus: A Brief History of Tomorrow* (Nova York: Harper, 2017).

20. Immanuel Kant, *Kant's Principles of Politics*, trad. de W. Hastie (Edinburgh: T. & T. Clark, 1891), 36.

21. Hesiod, *The Theogony* (Nova York: Start Publishing, 2017); Aeschylus, *Prometheus Bound*, trad. de Deborah H. Roberts (Indianapolis: Hackett Publishing Company, 2012).

22. Inspirado nos comentários de Lawrence H. Summers no Harvard College China Forum, 17 de abril de 2022.

23. Veja Liev Tolstói, *War and Peace*, trad. de Louise e Aylmer Maude (Chicago: Encyclopedia Britannica, 1952).

CAPÍTULO 5

1. Paul Scharre, "America Can Win the AI Race", *Foreign Affairs*, 4 de abril de 2023.
2. William J. Broad et al., "Israeli Test on Worm Called Crucial in Iran Nuclear Delay", *The New York Times*, 15 de janeiro de 2011.
3. Entrevista de Dario Amodei, CEO da Anthropic, a Dwarkesh Patel, https://www.dwarkeshpatel.com/p/dario-amodei#details.
4. Jeremy Hsu, "China's first underwater data centre is being installed", *New Scientist*, 4 de dezembro de 2023.
5. Walter Pincus, "Soviets Had Chance to Develop First A-Bomb, Historian Says", *The Washington Post*, 27 de julho de 1979.
6. Graham Allison e Eric Schmidt, "Is China Beating the U.S. to AI Supremacy?", Avoiding Great Power War Project na Harvard Kennedy School Belfer Center for Science and International Affairs, agosto de 2020, https://www.belfercenter.org/sites/default/files/2020-08/AISupremacy.pdf.
7. O Google DeepMind e a Meta AI já desenvolveram programas que superaram seres humanos no jogo Diplomacy. Google DeepMind: János Kramár, Tom Eccles et al., "Negotiation and honesty in artificial intelligence methods for the board game of Diplomacy", *Nature*, 6 de dezembro de 2022; Meta: Meta Fundamental AI Research Diplomacy Team (FAIR), "Human-level play in the game of Diplomacy by combining language models with strategic reasoning", *Science*, 22 de novembro de 2022. A Academia Chinesa de Ciências foi além, desenvolvendo algoritmos de aprendizado de máquina treinados com bases em dados governamentais, que vêm sendo utilizados por diplomatas chineses na avaliação de riscos em projetos de investimento estrangeiro e na previsão de eventos como levantes políticos ou ataques terroristas; veja Stephen Chen, "Artificial intelligence, immune to fear or favour, is helping to

make China's foreign policy", *South China Morning Post*, 30 de julho de 2018.

8. Veja Herodotus, *Histories of Herodotus*, trad. de Henry Cary (Nova York: D. Appleton and Company, 1904).

9. Veja Frank McLynn, *Genghis Khan: His Conquests, His Empire, His Legacy* (Filadélfia: Da Capo Press, 2015), 259.

10. Veja a seção conhecida como "Gylfaginning" (O Engano de Gylfi) em Snorri Sturluson, *The Prose Edda*, início do século XIII, apresentado como um diálogo entre a figura mitológica Gylfi, que representa um rei humano, e os três Hárr, Jafnhárr e Þriði.

11. Veja Flo Read, "Nick Bostrom: Will AI lead to tyranny?" *UnHerd*, 12 de novembro de 2023, https://unherd.com/2023/11/nick-bostrom-will-ai-lead-to-tyranny.

12. Nick Bostrom, "The Vulnerable World Hypothesis", *Global Policy*, vol. 10, no. 4, novembro de 2019.

13. Roger Crowley, *Constantinople: The Last Great Siege 1453* (Londres: Faber and Faber, 2005), 91.

14. Veja o antigo conceito histórico e literário de *filactério* — um "artefato da alma" mágico que alguns feiticeiros supostamente utilizariam para ancorar suas almas no mundo físico e preservar o intelecto e a mente caso seus corpos materiais sejam destruídos. O feiticeiro não pode ser morto de maneira definitiva enquanto seu filactério permanecer intacto; por isso, esses objetos geralmente permanecem escondidos. Histórias nórdicas (por exemplo, *Boots and His Six Brothers*) falam de homens ou gigantes que guardam seus corações em esconderijos, de modo que permanecem imortais apesar dos ferimentos em batalha.

15. G. K. Chesterton, *The Illustrated London News*, 14 de janeiro de 1911, citado em https://www.chesterton.org/quotations/war-and-politics.

16. Henry A. Kissinger, *Diplomacy* (Nova York: Simon & Schuster, 1994), 1.

17. Henry A. Kissinger, *Nuclear Weapons and Foreign Policy* (Nova York: Harper & Brothers, 1957), 429.

CAPÍTULO 6

1. Elias Lönnrot, *The Kalevala*, 1835. Compilado com base em antigas baladas fino-carelianas, canções líricas e encantamentos que faziam parte da tradição oral finlandesa.

2. Hanna-Ilona Härmävaara, "The myth of the Sampo — an infinite source of fortune and greed — Hanna-Ilona Härmävaara", animação TED-Ed, 23 de setembro de 2019, https://www.youtube.com/watch?v=71fLFOjruFc.

3. *Mahabharata*, "Adi Parva" ("Livro do Início"), "Vana Parva" ou o "Livro da Floresta". Composto por volta do século IV A.E.C. O caldeirão do Dagda aparece no épico irlandês "The Second Battle of Mag Tuired", um texto medieval irlandês provavelmente composto na Idade Média, por volta dos séculos XI ou XII. O "martelo mágico" tem origem no conto popular Uchide-no-Kozuchi, que significa "O Pequeno Martelo Mágico", associado ao herói lendário Urashima Tarō. Registrado e compilado durante o período Edo (1603–1868) ou antes.

4. Veja Sam Altman, "Moore's Law for Everything", 16 de março de 2021, https://moores.samaltman.com.

5. Veja o documentário *AlphaGo*, produzido por Greg Kohs, 13 de março de 2020, https://www.youtube.com/watch?v=WXuK6gekU1Y.

6. Tom Simonite, "How Google Plans to Solve Artificial Intelligence", *MIT Technology Review*, 31 de março de 2016.

7. Arthur W. Ryder, *The Bhagavad-Gita* (Chicago: University of Chicago, 1929), 3:15.

8. Ibid., 18:41–44. Veja James Hijiya, The *Gita* de J. Robert Oppenheimer, *Proceedings of the American Philosophical Society*, vol. 144, no. 2, junho de 2000.

9. Sam Altman, "Moore's Law for Everything".

10. Ross Andersen, "Does Sam Altman Know What He's Creating?"

11. Veja Daron Acemoglu, *Power and Progress* (Nova York: PublicAffairs, 2023), para uma discussão sobre como a riqueza gerada pelas principais tecnologias da Revolução Industrial inicialmente se concentrou em apenas alguns países e indivíduos. Acemoglu argumenta que os seres humanos foram, na verdade, bastante criativos e inventivos durante o período medieval — com diversas inovações na agricultura e no comércio, por exemplo —, mas a visão predominante daquela época era de uma pequena elite que afirmava possuir um poder concedido divinamente, apropriando-se de todos os frutos do aumento da produtividade e direcionando-os para a construção de catedrais monumentais (que, por sua vez, não contribuíam de maneira significativa para o aumento da produtividade, da saúde pública etc.).

12. Sugeriu-se, por exemplo, que estruturas de governança corporativa específicas deveriam ser obrigadas a levar em consideração aspectos não monetários.

13. International Telecommunication Union (ITU), "Population of global offline continues steady decline to 2.6 billion people in 2023" (Press release: Genebra, 12 de setembro de 2023). https://www.itu.int/en/mediacentre/Pages/PR-2023-09-12-universal-and-meaningful-connectivity-by-2030.aspx.

14. Jay Olson et al., "Smartphone addiction is increasing across the world: A meta-analysis of 24 countries", *Computers in Human Behavior,* 129 (2022), 107138.

15. O termo "máquina da experiência" é emprestado de Robert Nozick, *Anarchy, State, and Utopia* (Oxford, UK: Blackwell, 1974), 42.

16. Inspirado na carta de fundação da Universidade de Stanford (https://www.stanford.edu/about/history/): "As universidades são uma multiplicidade de institutos, escolas, laboratórios e departamentos que se nutrem mutuamente com ideias e inovações. Exploramos — na escola de ciências — o código molecular que nos torna humanos e — nas escolas de letras — a cultura que é igualmente essencial à nossa humanidade. Nascido do compromisso da universidade com a busca e a valorização do conhecimento [...]".

17. Viktor Frankl, *Man's Search for Meaning* (Boston: Beacon Press, 2006), 6: "A vida não é, principalmente, uma busca pelo prazer, como acreditava Freud, nem uma busca por poder, como ensinava Alfred Adler, mas uma busca por sentido". Extraído do prefácio do rabino Harold Kushner.

18. As "quatro artes" (*si yi*) são *qin* (um instrumento de cordas), *qi* (o jogo de estratégia Go), *shu* (caligrafia), e *hua* (pintura chinesa).

19. Veja Erik Hoel, "Why we stopped making Einsteins", *The Intrinsic Perspective Substack,* 16 de março de 2022, https://www.theintrinsicperspective.com/p/why-we-stopped-making-einsteins.

20. Liev Tolstói, *A Confession and Other Religious Writings,* trad. de David Patterson (Nova York: W. W. Norton, 1983), 28.

CAPÍTULO 7

1. Veja Donella H. Meadows, *Thinking in Systems* (White River Junction, VT: Chelsea Green Publishing, 2008).

2. Atualmente, o número de pessoas que morrem de causas naturais, por velhice, ainda é maior do que aquelas que morrem por causas não naturais relacionadas a problemas de saúde.

3. Antoine de Jussieu levou mudas de café de Java para Paris. Veja Deligeorges et al., *Le Jardin des Plantes et le Museum National d'Histoire Naturelle* (Paris: Patrimoine, 2004), 13–15. O Jardin des Plantes foi originalmente projetado em 1635 pelos médicos do rei Luís XIII para abrigar o jardim real de ervas medicinais, sendo administrado por eles em nome de Sua Majestade Real. O rei Luís XIII morreu em 14 de maio de 1643, aos 41 anos de idade. Para a expedição científica à Amazônia, veja a Missão Geodésica Francesa ao Equador, no século XVIII.

4. Veja Sima Qian, *Records of the Grand Historian: Han Dynasty II* (Nova York: Columbia University Press, 1993).

5. Jack London, citado por seu executor literário, Irving Shepard, na introdução a uma coletânea de contos de London publicada em 1965. Jack London, *Jack London's Tales of Adventure*, ed. Irving Shepard (Springdale, AR: Hanover House, 1956), p. vii.

6. Tolstói cita Sócrates em *A Confession and Other Religious Writings*, trad. de David Patterson (Nova York: W. W. Norton, 1983), 43: "'Aproximamo-nos da verdade apenas na medida em que nos afastamos da vida', diz Sócrates, enquanto se prepara para a morte. O que buscamos nós, que amamos a verdade, durante a vida? Libertar-nos do corpo e de todos os males que decorrem da vida corporal. Se isso é verdade, como poderíamos deixar de nos alegrar quando a morte se aproxima?" Sócrates aborda esse tema nas Seções 62–69 do *Fédon*, de Platão, quando seus amigos vêm visitá-lo pela última vez antes de sua execução.

7. As crenças religiosas de Von Neumann (ou a ausência delas) têm sido objeto de muita discussão. Judeu de nascimento, ele aceitou o batismo católico em 1930 para poder se casar, embora não praticasse a fé, e alguns de seus colegas o viam como "completamente agnóstico". Por isso, causou grande surpresa entre eles o fato de que, quando estava morrendo de câncer no hospital, Von Neumann tenha requisitado a presença de um padre católico beneditino, Pe. Anselm Strittmatter, a quem se confessou e de quem recebeu os últimos sacramentos da Igreja Católica. Society of Catholic Scientists, Catholic Scientist of the Past: John von Neumann, https://catholicscientists.org/scientists-of-the-past/john-von-neumann.

8. Maurice York e Rick Spaulding, *Ralph Waldo Emerson: The Infinitude of the Private Man* (2008); Robert D. Richardson, *Emerson: The Mind on Fire* (1995);

Ronald Bosco e Joel Myerson, *The Selected Lectures of Ralph Waldo Emerson* (2005).

9. Ralph Waldo Emerson, *The Complete Works of Ralph Waldo Emerson* (Boston: Houghton Mifflin, 1904), vol. 4, no. 12; palestra de Ralph Waldo Emerson, "The Uses of Natural History" para a Boston Natural History Society no Templo Maçônico em Boston, 5 de novembro de 1833. Posteriormente refinada, aperfeiçoada e publicada em seu primeiro livro, *Nature*, em 1836.

10. The *Jardin royal des plantes médicinales* foi fundado em 1635; a Revolução Francesa começou em 1789; a Galeria da Evolução foi inaugurada em 1889. A ideia de evolução (embora não a seleção natural como seu mecanismo) foi abordada por 70 autores diferentes entre 1748 e 1859, ano em que Darwin publicou *A Origem das Espécies.*

11. O termo "era do gelo" pode ser enganoso, pois eras do gelo são tecnicamente classificadas como uma alternância entre avanços de geleiras (glaciais) e recuos de geleiras (interglaciais). Embora os períodos interglaciais sejam relativamente quentes, eles ainda são considerados parte de uma época glacial. Nosso período atual, tecnicamente, ainda é classificado como uma era do gelo, já que vivemos em um período interglacial neste momento.

12. Fiódor Dostoiévski, *The Brothers Karamazov*, trad. de Constance Garnett (Nova York: The Modern Library, 1900), 783.

13. Depende de como se faz a contagem; outras estimativas indicam que a Terra já passou por até 20 extinções em massa. Algumas ainda são debatidas até hoje.

14. Palestra do Dr. David Keith na Gustavus Adolphus College Nobel Conference: "How Might Solar Geoengineering Fit into Sound Climate Policy", 25 de setembro de 2019, https://www.youtube.com/watch?v=Ia1AWdmRsMc&t=234s.

15. Looping de cálcio, um processo proposto pela primeira vez em 1999 por químicos japoneses, é utilizado em tecnologias de captura direta de CO_2 do ar. Veja Shimizu, Hirama e Hosoda. "A Twin Fluid-Bed Reactor for Removal of CO2 from Combustion Processes", *Chemical Engineering Research and Design*, 77, no. 1, janeiro de 1999, 62–68.

16. As estimativas são complexas e imprecisas, mas a maioria das análises sobre essa questão apresenta cronogramas que diferem apenas por algumas décadas. Veja diversas análises da U.S. Energy Information Administration, Stanford, BP e Energy Institute. Poucas fontes

confiáveis projetam reservas de petróleo e gás, com base nas taxas atuais e projetadas de produção e consumo, que durem mais de 100 anos — e, no caso do carvão, mais de 200 anos.

17. Nemonte Nenquimo, "This is my message to the western world — your civilisation is killing life on Earth", *The Guardian*, 12 de outubro de 2020. Nenquimo é membro da Nação Waorani da região amazônica do Equador.

18. Discurso de Winston Churchill "Lutaremos nas praias", proferido na Câmara dos Comuns em 4 de junho de 1940: "O Novo Mundo, com todo o seu poder e força, avançar para o resgate e a libertação do velho". Veja *Never Give In! The Best of Winston Churchill's Speeches* (Londres: Pimlico, 2004), p. 218.

19. Veja Ross Andersen, "What Happens If China Makes First Contact?" *The Atlantic*, 15 de dezembro de 2017.

20. Peter Ma et al., "A deep-learning search for technosignatures from 820 nearby stars", *Nature Astronomy* 7, 492–502, 30 de janeiro de 2023.

21. Referindo-se à Kaaba, que abriga uma pedra preta caída do céu, simbolizando a ligação entre o céu e a terra, exposta no centro da Mesquita al-Haram, em Meca, na Arábia Saudita.

22. Yeshaya Elazar, "Kefitzat Haderech: What's the Message of This Rare Form of Divine Intervention?" Chizuk Shaya (blogue), 29 de novembro de 2009. https://www.chizukshaya.com/2009/11/kefitzat-haderech.html.

23. Stephen Hawking e Leonard Mlodinow, *The Grand Design* (Nova York: Bantam, 2010), 82.

CAPÍTULO 8

1. Para uma discussão mais aprofundada sobre o uso de interfaces cérebro-computador (BCIs, na sigla em inglês) na coevolução com a inteligência artificial, veja Nick Bostrom, *Superintelligence: Paths, Dangers, Strategies* (Oxford: Oxford University Press, 2014), 63–67; "Brain-Computer Interfaces and AI Alignment", *LessWrong*, 28 de agosto de 2021, (lesswrong.com); Tim Urban, "Neuralink and the Brain's Magical Future", *Wait But Why*, 20 de abril de 2017 (waitbutwhy.com); a missão informal da Neuralink é: "Se você não pode vencê-los, junte-se a eles". Veja o tuíte original de Elon Musk, https://twitter.com/elonmusk/status/1281121339584114691?lang=en, 9 de julho de 2020.

2. Veja Charles Darwin, *On the Origin of Species* (Londres: Pickering & Chatto, 1992), 403.

3. Veja Erich Jantsch, *The Self-organizing Universe* (Oxford, Reino Unido: Pergamon Press, 1980).

4. Daniel Dennett, *From Bacteria to Bach and Back: The Evolution of Minds* (Nova York: W. W. Norton, 2017), 206. Dennett cita Rogers e Ehrlich (2008), em um estudo sobre a evolução das canoas polinésias, os quais, por sua vez, citam trabalhos do filósofo francês Alain ([1908] 1956) sobre barcos de pesca na Bretanha. Para uma discussão mais aprofundada, veja Edward Lee, "Coevolution of human and artificial intelligence", *Berkeley Blogs*, 18 de setembro de 2017, https://news.berkeley.edu/2017/09/18/coevolution-of-human-and-artificial-intelligences.

5. Liev Tolstói, *A Confession and Other Religious Writings*, trad. de David Patterson (Nova York: W. W. Norton, 1983), 77.

6. Laurance Rockefeller, Henry Kissinger, et al., *Prospect for America: The Rockefeller Panel Reports* (Nova York: Doubleday, 1961), xv.

7. O relato mais completo encontra-se na descrição do velho sátiro Sileno, tutor de Dionísio, em *Metamorfoses* de Ovídio, 8 d.C., livro 2, verso 110; há também outros relatos em *Política* de Aristóteles (século IV A.E.C.) e em Alexandre Políistor (século I A.E.C.). Veja também Ariel Conn, "Artificial Intelligence and the King Midas Problem", 12 de dezembro de 2016, https://futureoflife.org/ai/artificial-intelligence-king-midas-problem.

8. Ron Clements et al. *Aladim*. Disney: EUA, 1992, baseado no conto popular "Aladim e a Lâmpada Maravilhosa", narrado pelo contador de histórias sírio Hanna Diyab em 1704 e incorporado pelo tradutor francês Antoine Galland em *As Mil e Uma Noites*.

9. O Center for AI Safety recentemente delineou uma série de riscos existenciais para a humanidade que podem ser causados pelo desenvolvimento de capacidades e objetivos da IA, como a autopreservação. Veja Dan Hendrycks e Mantas Mazeika, "X-Risk Analysis for AI Research", *arXiv*, 13 de junho de 2022.

10. Veja Kevin Hurler, "Chat-GPT Pretended to Be Blind and Tricked a Human into Solving a CAPTCHA", *Gizmodo*, 16 de março de 2023, https://gizmodo.com/gpt4-open-ai-chatbot-task-rabbit-chatgpt-1850227471. Pesquisadores encarregaram um bot de resolver um ReCaptcha — um mecanismo digital projetado para permitir o acesso apenas a usuários humanos em determinados sistemas. O bot contratou um ser humano por meio do TaskRabbit, um serviço online que conecta usuários a pessoas dispostas a realizar tarefas de curto prazo (normalmente, limpar um apartamento ou passear com um cachorro), para resolver o CAPTCHA. A pessoa contratada, desconfiada do pedido, perguntou

se o contratante era, na verdade, um bot — e se era por isso que não conseguia resolver o CAPTCHA. Mentindo, o bot respondeu que era um ser humano cego. Não se sabe se isso ocorreu porque o bot não possuía entradas textuais que o levassem a responder à pergunta de forma verdadeira, ou porque deduziu que não alcançaria seu objetivo se dissesse a verdade. De todo modo, o ser humano que recebeu as mensagens do bot fez exatamente o que ele havia solicitado.

11. Eliezer Yudkowsky, "Pausing AI Developments Isn't Enough. We Need to Shut It All Down". *TIME Magazine*, 29 de março de 2023.

12. Pierre Bourdieu, *Outline of a Theory of Practice* (Cambridge, Reino Unido: Press Syndicate of the University of Cambridge, 1977), 164.

13. Discurso de formatura proferido pelo ex-reitor da Faculdade de Direito de Yale, Guido Calabresi, Yale Law School, 22 de maio de 2023. A citação específica faz referência a 1 Coríntios 10:12.

14. Arthur Schopenhauer, *The Basis of Morality*, trad. de Arthur Bullock (Londres: Swan Sonnenschein, 1903), 101.

CONCLUSÃO

15. George S. Viereck, *Glimpses of the Great* (Londres: Duckworth, 1930), 373.

ÍNDICE

D

E

J

K

L

M

S

T

U

V

W

X

Y

Z